KB268258

그리스도의 길이 되다

코리안 바이블 루트

그리스도의 길이 되다

지은이 | 이원식
초판 발행 | 2018. 11. 14.
등록번호 | 제1988-000080호
등록된 곳 | 서울특별시 용산구 서빙고로65길 38
발행처 | 사단법인 두란노서원
영업부 | 2078-3352   FAX | 080-749-3705
출판부 | 2078-3331

책값은 뒤표지에 있습니다.
ISBN 978-89-531-3322-8 03230

독자의 의견을 기다립니다.
tpress@duranno.com   www.duranno.com

두란노서원은 바울 사도가 3차 전도여행 때 에베소에서 성령 받은 제자들을 따로 세워 하나님의 말씀으로 양육하던 장소입니다. 사도행전 19장 8~20절의 정신에 따라 첫째 목회자를 돕는 사역과 평신도를 훈련시키는 사역, 둘째 세계선교(TIM)와 문서선교(단행본·잡지) 사역, 셋째 예수문화 및 경배와 찬양 사역, 그리고 가정·상담 사역 등을 감당하고 있습니다. 1980년 12월 22일에 창립된 두란노서원은 주님 오실 때까지 이 사역들을 계속할 것입니다.

그리스도의 길이 ─ 되다

코리안 바이블 루트 ──
The Korean Bible Route

이원식 지음

두란노

차례

추천사 6
감사한 마음 10

01
◇
기적의
시작
16

02
◇
조선과 청(淸)의
국경 고려문을
통해 성경이
전해지다
26

03
◇
예비하신
주의 일꾼,
의주 상인
38

04
◇
한글성경을
위한 불씨,
존 로스와
토마스
60

05
◇
한글성경
번역의 태동,
잉커우
78

06
◇
우리말로
말씀하시는
하나님
88

07
◇
또 다른
버전의
한글성경
108

08
◇
말씀이
말씀이 되다
138

09
◇
부흥
160

10
◇
성경책 한 권
들고 선교를
떠나다
186

11
◇
한국과
네팔 T부족의
평행이론
228

12
◇
통일과 회복,
그리고
유라시아를 향해
242

참고문헌 258

선교사가 이 땅에 들어오기 전에 한글성경이 먼저 번역된 것은 이 땅, 이 민족의 부흥을 향한 하나님의 특별한 계획이었고 은혜였다. 과거 역사로 잊힐 하나님의 특별한 은혜의 발자취를 찾아 되살리고 다시 부흥과 회복을 기대하는 이원식 형제님의 열정과 헌신에 감사의 말을 전하고 싶다. 이 책을 읽으면서 암울한 시대에 번역된 한글성경을 읽고서 예수님을 믿고 세례를 받았던 믿음의 선배들의 뜨거움이 성경을 읽는 나와 모든 성도들에게 다시 한 번 임하기를 기도하게 된다.

강규철 신광교회 담임목사

사진이나 영상으로 나올 줄 알았던 《코리안 바이블 루트-그리스도의 길이 되다》가 글로 나왔다. 일찍이 이 감독의 사진과 영상 실력을 알고 있었지만 글로 그의 솜씨를 대하는 것은 또 다른 기대를 갖게 만든다. 이 땅의 선교 역사와 성경의 관련성을 온몸으로 더듬어 찾아 나선 용기도 대단하지만, 손으로 써 내려간 지나간 역사 현장과 거기에 곁들인 사진들은 당장에 달려가 확인하고 싶게 만든다. 특별한 선교 역사로써 대한민국, 즉 이 민족의 특별한 사명이 어디로부터 시작되고, 어디를 향해야 하는지를 말하는 이 책은 지금 내가 선 곳에서 무엇을 기다리고 무엇을 기도하며 무엇을 기대해야 하는지를 다시 한 번 생각하게 만든다. 먼 길을 떠나서 맞닥뜨린 믿음의 선조들의 발자취를 촘촘하게 엮은 사실 위에 상상을 버무리고 하나님의 말씀으로 다시 직조함으로 감동을 안기는 책, 글도 이렇게 멋진데 영상은 얼마나 멋질 것인가?

김상철 GBT성경번역선교회 동원훈련부대표

4차 산업혁명 시대와 더불어 다음 세대에게 직면한 통일 시대를 어떤 마음으로 준비하고 바라보아야 할 것인가? 믿음의 세대가 다시 일어나기 위해 우리가 걸어가야 할 길은 무엇인가? 시대를 바라보는 해석과 진단이 지나치게 넘치는 이 시대에 복음이 통과한 길목을 복기(復棋)하는 것은 너무나 중요한 시도다. 140여 년 전, 이미 시작된 코리안 바이블 루트는 그리스도의 길이 되어 준 믿음의 선배들과 그 삶의 이야기를 우리에게 잔잔하지만 강렬하게 들려준다. 하나님의 사랑이 깊숙이 흘러 들어간 길을 따라 믿음의 선배들을 만나는 이 여정이 앞으로 우리가 걸어가는 길로 이어지기를 소망한다.

곽상학 온누리교회 교육목사

이 책을 열면, 역사 이야기를 들으며 이 타고난 이야기꾼과 함께 코리안 바이블 루트 현장을 걸어가는 것만 같다. 세계열강의 세력 다툼이 있던 격동의 조선 말과 가슴 저리는 대한제국을 거쳐 오늘의 선교대국 대한민국에 이르기까지 이 땅을 향한 하나님의 사랑이 한글성경 번역이라는 중심 주제를 붙잡고 도도한 감동의 물결로 흐른다. 이제 말씀이 너무나 읽고 싶어진다.

노치형 강동온누리교회 담당목사

만주와 일본에서 각기 번역된 한글성경은 다양한 계층과 폭넓은 지역을 아우르며 이 땅에 널리 퍼졌고, 사경회를 통해 평양대부흥을 이끈 초석이 되었다. 이 책은 과거와 현재, 그리고 미래에 이르기까지 우리 민족을 향한 하나님의 놀라운 축복과 계획을 감동적으로 따라간다. 우리 민족의 통일로 이뤄질 유라시아의 화해와 회복, 그리고 열방에 세워질 하나님 나라가 가슴 벅차게 기대된다. 이 책을 통해 많은 독자들이 살아 계신 하나님의 말씀인 성경의 중요성, 그리고 선교하시는 하나님의 기적 같은 일하심을 경험하게 되길 진심으로 소망한다. 무엇보다, 우리말로 하나님이 말씀하시는 그 놀라운 역사를 위해 얼마나 많은 선교사님과 믿음의 선배님들이 헌신했는지를 기억하는 소중한 시간이 되길 소망한다.

이재훈 온누리교회 담임목사

　　3년 가까이 나는, 우리가 살고 있는 이 땅에 어떻게 성경이 들어오게 되었는지, 특별히 한글로 번역된 성경이 어떻게 이 땅에 들어와 많은 사람들에게 읽히게 되었는지 그 루트를 따라가며 한국과 중국, 일본을 돌아다녔다. 그리고 140년 전에 한글로 성경이 번역되는 놀라운 역사가 일어났던 것처럼 지금 성경이 번역되고 있는 네팔의 T부족까지 갈 수 있는 은혜를 누렸다. 그리고 그 여정은 지금도 계속되고 있다.

　　한글로 번역된 성경이 이 땅에 들어오게 된 과정을 따라가면서, 그리고 성경 번역자들을 인터뷰하면서 성경이 번역된다는 것이 단지 텍스트를 다른 문자로 바꾸는 것이 아님을 알게 됐다. 성경 번역은 현지의 역사와 문화, 그리고 사회적인 배경 속에서 이루어지는 고난도의 사역임을 더 깊이 깨닫게 되었다.

어떤 한 민족, 혹은 부족의 언어로 성경을 번역한다는 것은 길게
는 40~50년, 짧게는 10여 년이 걸리는 시간의 싸움이며, 또한 번역이
1차로 끝났다고 끝나는 것이 아니라, 사회와 문화의 변화에 따라 개
역 작업이 끊임없이 이루어져야 하는 일이기도 하다. 그 일들을 위해
선교사들과 현지인 번역자들은 평생을 헌신한다. 그 헌신의 기록과
역사를 따라가면서 나는 정말 큰 은혜와 기쁨을 누릴 수 있었고 감사
했다.

우리나라는 선교사보다 한글로 번역된 성경이 먼저 들어온 나라
다. 선교사보다 먼저 한글성경이 이 땅에 들어와 사람들을 변화시키
기 시작했다는 놀라운 사실을 처음 알게 되었을 때 나는 궁금했다. 보
통은 선교사들이 먼저 들어온 뒤에 그들이 언어를 익혀 그 나라의 언

어로 성경을 번역하는 것이 일반적인 순서인데 말이다. 어떤 이유로 그 순서가 바뀐 걸까? 어쩌면 그냥 우연일지도 모르지만, 나는 어쩐지 그 과정에 어떤 특별한 계획이 있었을 것만 같았다. 나는 그 계획을 찾아 나서기로 결심했다.

한글성경이 이 땅에 들어오게 된 과정과 그와 관련된 중요한 장소 등을 찾아다니면서, 나는 한글로 성경이 번역되는 과정 자체에서 필연적인 이유를 발견할 수 있었고, 한 장소 한 장소 방문할 때마다 하나님께서 숨겨 두신 천국의 보물을 하나하나 발견하는 놀라운 감동을 느낄 수 있었다.

이 책에는 한국과 중국, 일본, 네팔을 직접 다니면서 담은 현지

사진과 고화질 UHD 4K로 촬영한 다큐멘터리도 일부 수록되어 현장
감 넘치는 사진과 다큐멘터리를 함께 감상할 수 있을 것이다. 교회가
자료로 잘 활용했으면 좋겠다. 그리고 그곳에 언젠가 직접 가서 눈으
로 손으로 느꼈으면 좋겠다.

　지금 우리 손에 들린 한글성경은 그저 단순하게 우리 말로 번역
된 성경이 아니라, 믿음의 선배들이 자신의 모든 것을 걸고 번역한,
그리고 목숨을 걸고 전한 하나님의 살아 있는 말씀이다. 따라서 성경
의 의미와 가치를 점점 잃어 가는 안타까운 시대를 살아가는 우리에
게 한글성경이 이 땅에 들어오기까지 어떤 일이 있었는지를 아는 것
은 매우 중요하다.

이 책이 나오기까지 많은 기독교 역사학자들의 책을 참고했다. 그분들의 연구와 그 연구를 향한 열정에 경의를 표한다. 최대한 사실을 기록하고 발로 현장을 뛰며 코리안 바이블 루트를 담으려 노력했지만 혹시 부족한 부분이 있다면 너그러이 이해해 주시고, 오류가 있다면 지적해 주시길 부탁드린다.

코리안 바이블 루트를 따라가는 여정을 함께해 주시고 많은 도움을 주신 임휼 선교사님, 백이삭 선교사님, 정형준 선교사님, GBT성경번역선교회, 그리고 중보기도로 끝까지 영적으로 싸워 주신 나명화 전도사님, 전미진 집사님과 한동훈 형제를 비롯한 믿음의 동역자들과 여러 후원자분들께 감사를 드린다. 또한 이 모든 여정을 손잡고 함

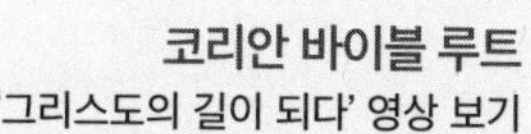

께 걸어온 사랑하는 아내 정진미와 세 아이들 – 기쁨, 소망, 사랑이에게 감사하다. 특별히 부족한 글에 관심을 가져 주시고 책 출간을 결정해 주신 두란노서원에 깊은 감사를 드리며, 무엇보다 연약한 나를 이끌어 주시는 사랑하는 하나님께 모든 영광을 올려드린다.

2018년 11월

이원식

1
기적의
시작

◇

태초에 말씀이 계시니라
이 말씀이 하나님과 함께 계셨으니
이 말씀은 곧 하나님이시니라
- 요한복음 1:1

◇

언제부터 우리는 우리말로 된 성경을 읽을 수 있게 되었을까? 언제부터 하나님이 우리가 가장 이해하기 쉬운 우리말로 말씀하시기 시작했을까?

우리에게 잘 알려진 언더우드와 아펜젤러 선교사가 은둔과 미지의 나라 조선에 처음 들어왔을 때, 그들의 품에는 한 권의 성경이 있었다. 그 성경은 특별히 한글로 번역된 성경이었다. 선교사가 한 나라에 들어가게 되고, 그 후 성경을 그 나라 언어로 번역하는 것이 선교의 역사에서는 일반적인 일. 그런데 그들은 어떻게 이미 번역된 한글성경을 들고 이 땅에 들어올 수 있었을까? 정식으로 선교를 시작한 땅도 아닌데 말이다. 도대체 그 한글성경은 누가 번역했으며 어떻게 만들어진 것일까?

더 놀라운 사실은, 그들이 가지고 들어온 한글성경과는 다른 버전의 한글성경이 이미 조선 땅 한양에 퍼져 있었고, 그 한글성경을 읽고 기독교인이 되어 세례를 받기 원하는 사람들이 있었다는 것이다.

1885년, 미국에서 요코하마를 거쳐 제물포로 들어와 선교 사역을 시작한 언더우드(Horace Grant Underwood)와 아펜젤러(Henry Appenzeller), 스크랜턴(William Scranton) 모자는 세례를 줄 선교사를 기다리고 있는 조선인들을 만나고 당황하지 않을 수 없었다. 도대체 우리가 한글성경을 가지고 들어온 것도 놀라운 일인데, 이미 또 다른 버전의 한글성경이 이 땅에 있다니… 도대체 이 성경은 어디서 왔단 말인가? 그들은 하나님의 일하심에 놀라지 않을 수 없었을 것이다.

전 세계 2천 년 선교 역사에서 전무후무한 이 놀라운 한글성경 전래 사건은 도대체 어떻게 시작되었으며, 왜 이런 일이 일어날 수밖에 없었던 것일까? 만약 그것이 우연이 아닌 하나님의 뜻이라면, 하나님은 왜 두 가지 버전의 성경을 번역하게 하신 것일까? 그리고 그 두 버전의 성경은 어떤 차이가 있을까?

나는 그것이 하나님의 계획이라면, 반드시 그 이유가 있을 것이라고 생각했다. 왜 유독 이 땅, 이 민족에게 그런 기적을 베푸셨을까? 하나님은 과연 이 땅을 위해 무엇을 계획하셨던 것일까? 나는 궁금해지기 시작했다. 그래서 한글성경 번역 가운데 일어난 놀라운 기적과 그 기적을 통해 일어난 하나님의 일하심을 추적해 가기 시작했다.

그 기적은 만주에서 처음 시작되었다. 1882년, 조선의 국경 너머 만주 땅, 그곳에서 최초의 한글성경이 번역·인쇄되었다. 바로《예수성교 누가복음젼서》다. 인쇄된 성경은 만주 지역을 포함한 조선의 북쪽으로 급속도로 퍼져 나갔다. 그리고 서울까지 내려왔다. 누군가 그 성경을 번역했고, 인쇄했으며, 그 성경을 들고 이곳저곳에 퍼트린 것이다. 만주에서 성경을 한글로 번역하는 일에 참여했던 서상륜이 권서인(勸書人)이 되어 서울까지 그 성경을 가지고 내려온 것이다. 그리고 그를 통해 전해진 한글성경은 수십 명의 마음을 움직였다.

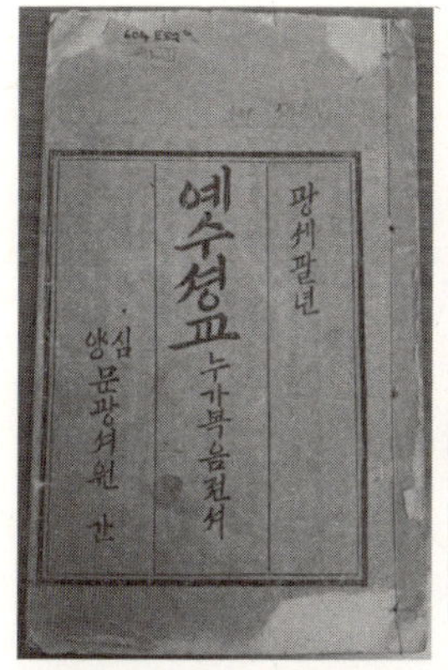

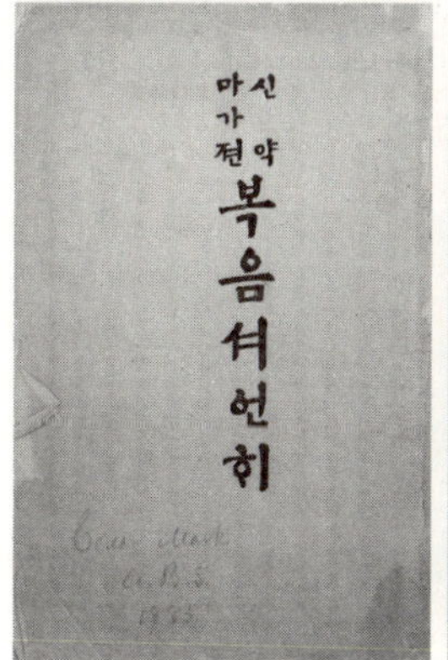

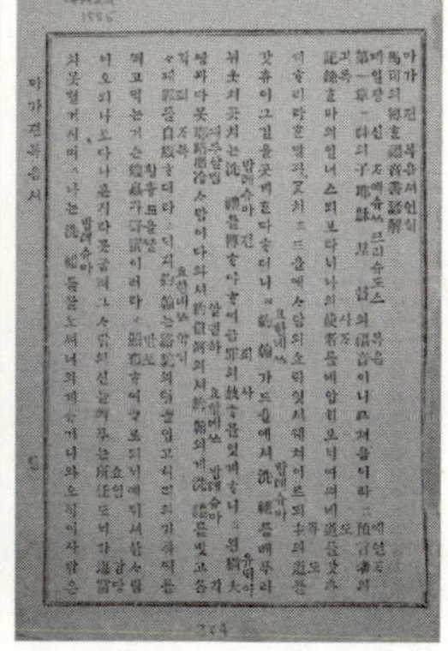

1882년, 중국 선양의 문광서원에서 인쇄된 누가복음(존 로스, 매킨타이어, 이응찬, 김진기 외 번역)

1885년, 일본 요코하마 미국성서공회에서 인쇄된 마가복음(이수정 번역)

1885년, 이미 서울과 인근 지역에는 그 성경을 읽고 감화되어 수십 명이 세례를 받길 원하고 있었다. 그들은 왜 세례 받기를 원했을까?

요한이 요단강 부근 각처에 와서 죄 사함을 받게 하는 회개의 세례를 전파하니 누가복음 3:3

그들이 읽은 《예수성교 누가복음젼셔》엔 분명히 적혀 있었다. 죄 사함을 받게 하는 회개의 세례라고 말이다. 그들은 그 말씀을 읽었을 것이고, 세례 받아 죄 사함 받길 원했을 것이다. 성경은 살아 있는 하나님의 말씀이기에 성경을 읽고 세례를 받고 싶은 마음을 갖게 되는 일이 가능했던 것이다.

중국 선양의 동관교회(1882년 한글성경이 번역되고 인쇄된 장소) ⓒLee

몰락한 양반 가문의 자식으로 먹고살기 위해 장사를 하던 서상륜, 죽을 위기에서 자신을 구해 준 한 선교사(매킨타이어)의 도움으로 성경을 알게 되었고 번역까지 참여했던 그는, 그의 손으로 사람들에게 성경을 나누어 주는 권서인으로 살았다. 자신을 변화시킨 성경, 자신이 번역한 성경, 그리고 자신이 들고 와 전한 성경을 읽고 세례를 받겠다는 사람이 서울과 인근에서 수십 명이나 생겼을 때 그의 마음은 어땠을까? 고통스러운 시대의 어둠 속에서, 모질고 거친 자신의 삶의 여정 속에서 한 줄기 빛을 보지 않았을까? 성경이라는 이 책이 이루어 낸 결과가 놀라울 뿐만 아니라, 이 책이 살아 있는 하나님의 말씀이라는 사실을 다시금 깨닫고 감격스러워하지 않았을까?

그의 마음속에 일어난 기쁨은 무척이나 컸을 것이다. 서상륜은 아마도 당장 그들에게 세례를 주고 싶었을 것이다. 하지만 서상륜은 그들에게 세례를 줄 수 없었다. 아마도 그럴 자격이 자신에게는 없다고 생각했을 것이다. 또한 당시 국내엔 그들에게 세례를 줄 선교사가 없었다. 정확히 말해 1885년 1월, 당시는 서양 선교사들이 들어와 정식 선교를 할 수가 없었다. 1884년 9월, 알렌(Horace Newton Allen) 선교사가 들어왔지만 그는 선교 활동을 공식적으로 할 수 있는 선교사가 아닌 의사였다. 병원을 세우며 선교의 때를 기다리던 비공식 선교사였다.

1885년 1월 즈음, 서상륜은 기쁜 마음을 품고 만주에서 한글성경 번역을 주도하던 존 로스(John Ross)를 찾아갔다. 그리고 서울에 세례를 기다리는 사람이 있으니, 하루빨리 선교사가 조선 땅에 들어가 세례를 주어야 한다고 말했던 것 같다. 서상륜의 놀라운 이야기를 듣고 존 로스의 마음은 어땠을까? 척박한 만주 지역에서 힘겹게 이어오던 오랜 사역이 열매를 맺어 가고 있다는 사실, 그리고 선교사가 아직 들어가지 않은 조선이라는 곳, 천주교 핍박으로 엄청나게 많은 사람이 순교한 곳, 그저 먼발치에서 바라보며 기도할 수밖에 없었던 고려문(조선과 중국의 국경) 너머의 그 땅 어딘가에, 번역된 한글성경을 읽고 세례를 기다리는 사람들이 있다니! 존 로스는 자신과 조선인, 그리고 중국인이 함께 번역하고 인쇄한 성경이 그런 놀라운 일을 일으킨 사실에 기뻐하며 1885년 3월, 영국성서공회 번역편집국장 라이트 목사에게 편지를 보냈다. "조선말로 번역한 성경으로 인해 세례를 기다리는 사람들이 있습니다"라고.

> 귀하께서는 작년 보고서의 가장 흥미 있는 부분인 이곳(선양)에서 인쇄된 복음서들과 소책자들이 읽혀진 결과들에 대해서 브라이언트 씨로부터 전해 들었을 줄로 생각합니다. 기왕에 세례 받은 자 외에 현재 한인촌에는 600명이 넘는 남자 세례 청원자들이 있습니다. 그들에 관해서는 5월로 예정된 저의 그곳 방문 후에 좀 더 자세히 보고 드리겠습니다. 자신의 모국어로 이름을 Hü 혹은 Swi 로 쓰는 한국인(서상륜)은 세례 받은 지 6개월이 지난 후 자신의 본국 수도를 향해 떠났는데, 그곳 서울에서 귀 공회의 권서로 일하고 있습니다. 그는 자주 편지로 저를 서울로 초청하였으나 최근에는 직접 이곳

으로 와서 보고하면서 저를 초청하였습니다. 그가 2년 동안 노력한 결과 현재 70명이 넘는 세례 청원자가 있으며 그 가운데 몇 명은 주목할 만한 사람들입니다. 그가 개종시킨 사람들 중에 한 명은 세례 받기 위해 함께 이곳으로 왔는데, 그의 말을 빌리면 그는 서울의 서쪽에 있는 한 도시에 설교당을 개설하였고 그곳에 18명의 신자가 있는 것으로 보입니다. 또한 서울 남쪽의 한 도시에 있는 다른 한 개종자는 20명 이상의 세례 청원자를 가지고 있습니다.(1885년 1월, 라이트 목사에게 보낸 존 로스의 보고서)[1]

그런데 놀랍게도 조선에서 세례를 베풀 선교사가 다음 달 제물포에 도착했다. 하나님의 응답이었다. 하지만 이상하게도 그들은 영국에서 온 선교사들이 아니었다. 미국에서 일본을 거쳐 온 선교사들이었다. 그들은 언더우드와 아펜젤러였다. 하나님은 서상륜과 존 로스를 통해 영국에서 선교사를 보낸 것이 아니라, 지구의 반대편 미국에서 일본을 통해 세례를 줄 선교사를 한 달 안에 보내 주신 것이다. 서상륜의 입장에서 보면, 당연히 영국에서 선교사가 와야 할 텐데, 전혀 다른 방향의 나라 미국에서 선교사가 온 것이다.

누군가는 이 일을 우연이라고, 어쩌다 일어난 일이라고 할지도 모른다. 하지만 믿음을 가진 자들에게, 이 일은 기적일 수밖에 없다. 이미 오래전 이 땅을 향한 하나님의 계획이 있었기에 그 기적이 가능할 수 있었던 것이다.

1　Ross's letter to Wm. Wright(Mar. 8. 1885); 이만열 외, 《대한성서공회사1. 조직·성장과 수난》, 대한성서공회, p.106 재인용

하나님은 이미 계획하셨던 것이다. 서울의 서상륜이 중국 만주의 존 로스에게, 중국 만주의 존 로스가 영국으로 선교 편지를 보내기 이전부터 말이다. 그 요청 이전부터 하나님은 언더우드와 아펜젤러를 비롯한 여러 선교사들에게 조선을 향한 당신의 마음을 품게 하신 것이다. 그런데 더 놀라운 사실은 또 다른 곳 일본에서 한글성경을 번역하던 이수정에 의해 언더우드가 조선에 대한 마음을 품었다는 사실이다. 그렇게 하나님은 시간과 공간을 뛰어넘어 일하고 계셨다.

그런데 나는 궁금해졌다. 하나님은 왜 그렇게 일하신 것일까? 이것은 분명 하나님의 계획하심이 분명한데 하나님은 왜 그렇게 지구를 한 바퀴 돌아서 이 작고 초라한 땅을 위해 일하신 것일까? 그 이유는 무엇일까? 그리고 이유가 있다면 무엇을 위해서였을까? 나는 그 이유를 찾기 위해 그 기적이 처음 시작된 곳, 고려문에 가고 싶었다.

2

조선과 청(淸)의 국경 고려문을 통해 성경이 전해지다

◇

하나님은 그렇게 시간이라는 당신의 영역 가운데에서
수없이 많은 하루하루의 어느 하루에,
한 사람과 한 사람의 간절한 만남을 통해
민족을 변화시키는 일을 시작하고 계셨다.

◇

우리 민족이 성경을 알게 된 것은 언제부터였을까? 성경은 다양한 경로를 통해 들어왔다. 개신교가 들어오기 이전에는 이미 중국을 통해 성경이 들어왔다. 개신교 성경을 기준으로 살펴보면, 1816년 서해안을 탐사하던 바실 홀(Basil Hall)과 맥스웰(M. Maxwell)은 서해안 마량진 근처에 정박해 영어성경을 전했다. 1832년에는 귀츨라프(Karl Gützlaff)가 동인도회사의 배인 로드 앰허스트(Lord Amherst) 호를 타고 백령도와 고대도, 제주도 등을 탐사했는데, 고대도에서 한문성경을 전했다. 이때 귀츨라프는 주기도문을 한글로 번역했다. 1865년과 1866년에는 우리에게 잘 알려진 토마스(Robert Thomas) 목사가 두 차례 평양 근처를 방문해 한문성경을 전했다고 알려져 있다. 1867년 중국 옌타이(烟台)에서 사역하던 스코틀랜드 선교사인 윌리엄슨(Alexander Williamson)과 번즈(W. C. Burns)는 미국 상선이던 제너럴셔먼 호와 토마

서해안 마량진: 1816년 바실 홀과 맥스웰이 영어성경을 전한 곳 ⓒLee

고대도와 고대도교회: 1832년 귀츨라프
선교사가 한문성경을 전한 곳 ©Lee

스 목사의 생사 여부와 관련 소식을 알아보기 위해 고려문 지역을 방문하고 그곳에서 조선 사람들에게 한문성경을 전하기도 했다.

고려문은 당시 만주 지역에서 조선과 중국 청나라 간 국경의 관문이었다. 만주, 그곳은 우리나라 역사로 볼 때 고구려 땅이었으며, 많은 슬픔과 아픔과 기쁨이 있었던 땅이며, 고통과 희망이 공존하는 땅이었다. 중국의 입장에서 만주는 청나라를 세운 누르하치의 땅, 여진족의 땅이었다. 때문에 만주는 청태조의 발상지로 중국이 성역으로 규정한 곳이었다. 한마디로 고향 같은 곳이었다. 따라서 거주민의 유입을 금지하는 정책을 썼고 장책을 설치하여 조선의 사신과 상인의

왕래를 고려문에 국한시켰다. 하지만 격변기인 19세기 중반부터 기강이 해이해지면서 만주로 이주하는 농민들이 늘어났다. 그곳에 한족이 이주하기 시작했고, 조선에서 넘어온 조선 사람들이 한인촌을 이루어 살았다. 그곳은 상대적으로 큰 도시들이 있는 중국 내륙 쪽보다는 개발이 덜 된 곳이었고 중국과 조선의 중앙 통치력이 제대로 미치지 못하는 중립 지역이었다.[1] 그래서 척박한 땅이었고, 특히 겨울에는 추위가 극심한 곳이었다. 당시 만주는 중국 땅이었지만, 조선과 중국의 접경 지역이었기에 국경의 개념이 모호한 지역이었다. 압록강을 건너 90리(35km)를 가면 봉황산이 나오고, 거기서 다시 30리(12km)를 가면 책문(柵門)이라는 곳이 나온다.

---

1 이만열 외, 《대한성서공회사1. 조직·성장과 수난》, 대한성서공회, pp.29-30

고려문

조선 정조 4년 1780년 연암 박지원은《열하일기》에서 "여기를 우리나라 사람은 '책문'이라 하고, 이곳 사람은 '가자문(架子門)'이라 하며, 중국 사람들은 '변문(邊門)'이라고 한다. 책문에서 봉황성까지 30리이고 압록강까지 120리다. 한 번 이 문을 들어서면 중국 땅이다. 고국의 소식은 이로부터 끊어지는 것이다. 섭섭히 동쪽 하늘을 바라보면서 섰다가 이윽고 몸을 돌려 천천히 책문 안으로 향했다"라고 기록했다.

지금으로부터 140여 년 전, 압록강변 마을 의주 출신의 상인인 백씨는 장사를 위해 고려문을 찾아갔다. 지금은 북한 땅인 의주는 당시 개방적이고 진취적인 상인들이 살고 있었다. 그들은 의주 만상으로 서울 한양의 경상, 개성의 송상, 부산 동래의 래상과 더불어 조선 후기 4대 상인 집단의 하나였다. 의주 만상이던 백씨는 중국과 인접한 의주 지역의 특성상 국경 무역에 종사하고 있었을 것이다.

백씨는 장사를 하기 위해 고려문으로 갔다. 연암 박지원이 걸어갔던 그 길을 동일하게 걸어갔을 것이다. 1870년대, 당시 조선은 대원군이 집권하고 있었다. 천주교의 탄압으로 인해 수없이 많은 사람이 죽었고, 쇄국정책으로 나라의 문이 꽁꽁 닫혀 있던 때다. 정치적으로 국경 무역 자체가 민감할 수밖에 없었으며, 쇄국정책과 혼란스러운 정치적 격동 속에서 나라 경제는 파탄에 이르렀다.

1874년 즈음, 백씨는 여태껏 그래왔듯이 가족의 생계를 책임지기 위해 압록강을 건너 고려문으로 향했다. 당시 고려문은 1년에 네 번, 음력 3월, 8월, 9월, 12월에 열렸다.[2] 그 문이 열려야만 조선 사람들은 중국으로 넘어갈 수 있었다. 백씨는 음력 9월에 맞춰 고려문으로 갔다. 고려문이 있던 곳에서는 큰 시장이 열렸다.

백씨는 조선에서 가져간 물건을 팔다가 서양 사람을 보고 그에게 관심을 갖게 됐다. 백씨가 그 서양 사람에게 관심을 가진 이유는 그에게서 영국산 양목을 구할 수 있을까 해서였다.

산업혁명으로 대량생산이 가능한 대표적인 면제품이던 양목은 조선 사대부 집안에서 애용하던 박래품(舶來品)의 하나였다. 그중 영국산 옥양목은 압도적인 인기 상품이었다. 옥양목의 대부분은 중국 상인들이 거래하고 있었는데, 백씨는 그 옥양목을 자신이 조선에 유통시키면 큰돈을 벌 수 있을 것이라고 생각했을 것이다. 그러나 기대와 달리 백씨는 그 서양 사람에게서 옥양목을 구할 수 없었다. 대신에 그 서양인은 한문으로 쓰여진 얇은 성경과 《훈아진언》이라는 책 두 권을 건넸다.[3] 그 서양 사람이 바로 스코틀랜드에서 온 존 로스 선교사였다.

중국 선교사였던 존 로스는 멀리 중국 영구(잉커우, 營口) 우장(뉴좡, 牛莊)에서부터 일주일 넘게 걸려서 이곳 고려문에 도착했다. 그는 왜

2   이만열 외, 《대한성서공회사1. 조직·성장과 수난》, 대한성서공회, p.32

3   "Mr. MacIntyre's Work", UPMR, 1880.7.1; 한국기독교역사학회, 《한국 기독교의 역사》, 기독교문사, p.102 재인용

일주일 넘게 걸리는 그 먼 거리의 고려문까지 온 것일까? 고려문에서 무엇을 기대한 걸까? 그가 고려문에 온 이유는 한 가지였다. 조선 선교를 기대하며 조선 사람을 만나러 온 것이다. 그가 남긴 글에서 당시 그가 거기까지 온 이유를 알 수 있다.

> 다음 한 주간도 교역은 자유롭지 못할 것이란 이야기를 들었다. 조선인들은 그들과 함께 온 최고급 관리가 돌아가지 않는 한 자유롭게 활동할 수 없다는 이야기였다. 나는 상당한 실망을 느꼈다. 그래서 언젠가 좀 더 좋은 시기에 다시 방문해 전도와 복음서를 파는 방법을 시도해 보기로 하였다. 그러나 나는 그들의 호기심을 끌어 오후 내내 내가 설교할 때 그들은 서서 내 말을 들어주었다. 그런데 그들의 관심은 내가 전하는 교리보다는 내가 입은 옷의 기지에 더 있었다.(존 로스)[4]

당시 조선은 자유 무역을 할 수 없었다. 사신들을 통한 무역만이 공식적으로 인정되었고, 국경의 무역도 관리의 관리 감독하에 고려문 인근에서 제한적으로 열렸다. 하지만 국경의 기강이 해이해지고 민족의 이동이 일어나기 시작하면서 아마도 의주 상인들은 관리들의 눈을 피해 밀무역을 했을 것이다.

당시 밀무역을 해서라도 살아남아야 했던 조선의 북쪽 지역 사람들은 지금의 북한 상황과 상당히 유사하다. 북한의 모든 무역은 정부

4　United Presbyterian Missionnary Record(UPMR), May.1.1875, p.472; 이덕주, 《초기 한국 기독교사 연구》, 한국기독교역사연구소, p.331 재인용

의 통제하에 이루어진다. 하지만 국가의 배급만으로는 살 수 없기에 밀무역 시장이 형성되었고, 시장을 통해 사람들은 삶을 유지해 나간다. 국가도 암암리에 묵인한다. 당시도 지금의 북한과 크게 다르지 않게 스스로 고립되는 쇄국정책을 폈으므로 밀무역은 더욱더 간절한 생계수단일 수밖에 없었을 것이다.

존 로스는 자신의 기록에서 실망했다고 적고 있다. 그는 자유롭게 조선 사람들에게 전도하며 복음서를 팔고 싶었지만, 조선인들은 조선 관리의 눈치를 보느라 존 로스에게 접근조차 망설이고 있었을 것이다. 존 로스는 더 적당한 시기에 다시 이곳에 와서 조선인들을 만나 전도하겠다고 다짐하고 있다. 하지만 그즈음 존 로스가 대수롭지 않게 여긴 한 만남이 놀라운 파장을 일으키게 된다. 존 로스는 그 사실을 전혀 몰랐을 것이다.

존 로스 선교사는 양초로 백씨의 관심을 끈 뒤 성경과 훈아진언을 건네주었다. 그냥 준 것인지, 아니면 양초는 그냥 주고 성경은 사게 한 것인지는 확실치 않다. 다만, 백씨가 성경을 얻었다는 사실은 그가 그 성경으로 인해 자신의 신변에 위험이 닥칠 수도 있다는 것을 감수하기로 결정했다는 뜻이다. 아마도 백씨는 그 성경을 얻으면서 많은 생각을 했을 것이다. 당시 천주교 박해로 인해, 조선인이 성경을 갖고 국경을 건너다 걸리면 관아에 끌려가 죽을 수도 있기 때문이었다. 그럼에도 불구하고 백씨는 그 성경을 짐 속에 숨긴 채 국경의 감시를 피해 안전하게 집으로 돌아간 것으로 보인다. 백씨가 위험을 무릅쓰고 성경을 가지고 집으로 돌아간 이유는 무엇일까?

아마도 혼란스럽고 미래를 알 수 없는 격변의 시대에 백씨는 지금의 고통과 고난을 해결해 줄 무엇인가를 찾고 싶었을 것이다. 자립적 중산층이었으며 한문과 만주어에 능통한 독서층이었고 개방적이고 독립적인 성향을 가진 의주 상인[5] 백씨는 혹시나 위험한 것으로 분류된 이 성경 속에서 진리를 찾을 수 있지 않을까 기대했을지도 모른다.

지금을 사는 사람들이, 이유를 알 수 없는 고난을 겪을 때, 삶이 힘들어 살아가야 하는 이유와 목적을 상실했을 때, 절대적 존재에게 존재 이유를 묻고 싶어 하는 것처럼 백씨 역시 아마도 그 이유를 그가 읽고 있던 책 성경에서 찾으면 좋겠다는, 그런 희망을 가졌을지도 모른다. 그렇게 1874년의 어느 가을, 고려문에서 있었던 백씨와 존 로스의 만남은 놀라운 기적의 시작이 되었다.

왜냐하면 후일 그 만남을 통해 한 사람이 변화되었고, 그 한 사람을 통해 의주의 여러 사람이 복음을 듣게 되었으며, 그들을 통해 최초의 한글성경이 번역되었고, 지역이 그리고 나라가 변화되기 시작했기 때문이다. 하나님은 그렇게 시간이라는 당신의 영역 가운데에서 수없이 많은 하루하루의 어느 하루에, 한 사람과 또 다른 한 사람의 간절한 만남을 통해 민족을 변화시키는 계획을 이행하고 계셨다.

백씨는 위험을 무릅쓰고 가져온 성경을 그의 아들에게 주었는데, 그의 아들은 몇 년 동안 그 성경을 읽고 감화되어 아버지에게 성경을

---

5 이만열 외, 《대한성서공회사1. 조직·성장과 수난》, 대한성서공회, p.31

고려문을 찾아가는 길에 저 멀리 보이는 봉황산 ⓒLee

건넨 그 외국 선교사를 찾아 먼 길을 떠났다. 그리고 마침내 존 로스 선교사를 만나 성경을 번역하는 일에 참여하게 되었고, 인쇄된 성경을 들고 지금의 북한 땅 의주를 거점으로 주변 지역에 성경을 퍼트리게 되었다. 그는 갖은 고문과 옥고를 치르고 전 재산을 잃고도 성경을 전하는 일을 멈추지 않았던, 조선의 사도 바울로 불리는 백홍준이다.

고려문은 선양에서 단동으로 가는 길에 있다. 그곳은 이 민족에게 처음으로 번역된 한글성경이 들어온 역사적 장소인 동시에 그 성경을 번역한 의주 상인들과도 매우 인연이 깊은 곳이다. 그리고 고려문은 우리 민족이 우리의 언어로 하나님의 말씀을 듣게 되기까지, 하나님이 우리의 언어로 우리에게 말씀하기 시작하기 위해 예비하신 존 로스 선교사와 백홍준의 부친이던 백씨의 기적 같은 만남이 있었던 곳이다. 140여 년 전 그 기적 같은 만남을 가슴에 품은 채 나는 그곳을 찾아가기 시작했다.

나는 고려문이 있던 중국의 일면산역으로 향했다. 나는 택시를 타고 가지만, 지금으로부터 240여 년 전 조선 후기 뛰어난 문인이던 박지원은 이 길을 걸어서 갔다. 그리고 그 여정은 《열하일기》라는 책으로 세상에 나왔다. 택시의 차창 너머로 안개에 휩싸인 봉황산이 보였다. 오래전 고구려의 성이던 봉황성이 있던 산. 지금은 성의 흔적만 남아 있는 봉황산 너머에 고려문이라는 곳이 있었다.

지금은 사라지고 없는 고려문. 중국은 고려문을 부수고 그곳에

고려문 지역(중국 요녕성 단동 평성시 일면산역 근처) ⓒLee

일면산역 근처에 세워져 있는 '변문진' 표지판 ⓒLee

변문진이라는 비석을 세웠다. 하지만 한국 사람들이 가끔씩 찾아오고, 만주에서 이루어지는 중국의 역사 왜곡인 동북공정으로 인해 조선과 중국의 국경이던 고려문이라는 이름은 민감한 사안이 되었던 것 같다. 중국은 그나마 남아 있던 변문진이라는 비석마저 부수고, 변문진이라는 안내판만 남겨 놓았다. 일면산역이라는 기차역 바로 옆에 그 안내판이 남아 있다.

일면산역 근처로 마을이 형성되어 있다. 이곳은 현재 관광지도 아니고, 아주 평범하기 그지없는 중국 동북 지역에 있는 작은 마을에 불과하다. 우리나라의 작은 읍 같은 일면산역 근처엔 여러 가게가 형성되어 있고, 옹기종기 모여 사는 집들이 자리 잡고 있다. 현재 중국의 거대 발전과는 동떨어진 느낌이 드는 미개발 지역이지만, 이곳은 한국 개신교 역사에서 아주 중요한 장소다.

고려문이 있던 일면산역 근처의 마을 풍경 ©Lee

3

예비하신 주의 일꾼,
의주 상인

◇

그는 끝내 세례를 받기 위해 매킨타이어의 요구대로
부모의 허락을 받고 다시 돌아왔다.
여태껏 한 번도 들어 보지 못한,
삶에 대한 고통의 문제를 해결할 수 있는 그 도(道).
그 진리를 발견한 이름 모를 그는
그렇게 영하 수십 ℃를 오르내리는 만주의 눈보라를 뚫고
왕복 600km 가까운 거리를 갔다 온 것이다.

◇

나는 차를 타고 압록강변을 따라 북쪽으로 이동하기 시작했다. 의주를 보기 위해서였다. 북한의 의주는 분단으로 인해 갈 수 없는 땅이 되어 버렸다. 한글성경이 번역되는 과정에서 의주는 가장 중요한 의미를 갖고 있는 도시다. 의주 사람들이 처음으로 한글성경 번역에 참여했으며, 그들이 곧 한국 최초의 세례자들이었고, 그들에 의해 한국 최초의 교회가 세워졌기 때문이다. 평양이 부흥의 땅이라면, 의주는 그 부흥을 잉태하기 위해 예비된 어머니 같은 땅이다.

압록강을 따라 이동하다 보면, 중국의 애하(愛河, 아이허)와 압록강이 만나는 곳에 호산장성이라는 산성이 있다. 호산장성에 올라가면 압록강 너머 의주를 한눈에 볼 수 있다.

오래전 후지 TV에서 방영된 프로그램에서 이곳을 만리장성의 동쪽 끝이라고 소개하면서, 중국 사람들도 이곳을 만리장성으로 포장해

호산장성에서 바라보는 어적도와 의주. 왼쪽에서 흘러가는 압록강이 오른쪽에서 흘러가는 애하와 만난다
©Lee

버렸다고 한다. 하지만 사실 이곳은 고구려의 박작성이다. 오늘날 중국의 젊은이들은 이곳이 만리장성의 일부라고 알고 있고, 좀 더 나이가 든 중년은 별로 관심이 없으며, 80세가 넘은 사람들만 그것이 가짜라는 사실을 알고 있다. 나이 든 사람들만이 이곳이 오래전 고구려의 땅이었고 호산장성이 고구려의 성이라는 것을 알고 있는 것이다. 중국은 이렇듯 역사를 왜곡해서라도 고구려를 자신들의 역사로 편입하려 한다. 고구려의 흔적은 동북공정으로 사라지고 있다. 호산장성 근처에는 부서진 큰 돌이 많았는데, 새로 호산장성을 짓기 위해 남아 있던 고구려의 박작성을 부수면서 나온 돌이라고 한다.[1]

호산장성은 엄청난 크기를 자랑하는 성이었다. 마치 만리장성처럼 회색의 벽돌로 튼튼하게 쌓았다. 역사적 사실을 모르는 외국인들이나, 역사에 별로 관심이 없는 중국인들은 그곳 산성이 그저 오래전 만리장성의 일부이며 그때 만들어진 것으로 생각할 것이다. 하지만 그 성은 최근 시멘트와 벽돌로 현대식으로 건설된 성이다. 재미있는 사실은 한국 사학계가 이 성이 고구려의 성이라는 사실에 대해 적극적으로 인식하게 된 것은 중국의 동북공정이 불거진 다음이라고 한다. 심지어 한국의 관광회사들은 이 호산장성을 중국의 만리장성 동쪽 끝 성이라고 홍보해 관광 상품으로 개발한 적도 있다고 한다. 아마도 백두산과 이곳을 하나의 관광 패키지로 묶었을 것이다.[2]

---

1 중국 L 선교사 증언

2 중국 L 선교사 증언

나는 호산장성 입구로 들어섰다. 표를 끊고 안으로 들어가면 광화문 광장 같은 광장이 나오고, 그 광장 끝에는 거대한 신전에서나 볼수 있는 정체 모를 거대한 석상이 입구에 버티고 서 있다. 마치 국적불명의 신화 속에 나오는 신의 이미지를 갖고 있다. 그것은 중국의 역사 규모를 자랑하기 위한 수단일 뿐 별 의미는 없어 보였다. 석상 아래엔 '万里長城東端起点(만리장성동단기점) – 虎山長城(호산장성)'이라고적혀 있다. 만리장성의 동쪽 끝점인 호산장성이라는 뜻일 것이다.

중국의 호산장성(고구려의 박작성) 앞에 세워진 석상
(동북공정의 시작점이다) ⓒLee

하지만 언젠가 시간이 흐르고 그 진실을 알고 있는 사람들이 사라지고 나면, 호신장성은 만리장성의 동쪽 끝점이라는 거짓이 진실이되어 있을지도 모를 일이다. 그런 미묘한 생각을 하며 정상으로 올라가는 길에 한복을 입고 사진을 찍는 중국인들을 만날 수 있었다. 기분이 묘했다.

그들을 지나쳐 나는 30분 정도를 걸어 산성 꼭대기에 올랐다. 정상에 서자, 바로 앞에 흐르는 압록강 너머로 어적도가 보이고, 그 어

호산장성 위에서 한복을 입고 사진을 찍는 중국인들 ⓒLee

호산장성 위에서 내려다보이는 북한의 어적도와 압록강, 그리고 북한 의주시의 전경. 10m가 채 되지 않는 압록강의 지류를 건너면 북한 어적도다. ⓒLee

적도 너머로 의주가 한눈에 들어왔다. 조선민주주의인민공화국이라는 공식 명칭을 가진 북한의 평안도 의주군이다.

육안으로도 농사를 짓거나 염소를 키우는 북한 사람들이 보였다. 통군정이라는 정자도 멀리 숲속에서 모습을 드러내고 있었다. 경치가 좋아 8대 비경으로 불리던 곳이라고 한다. 영생탑도 보였다. 영생탑은 김일성과 김정일이 북한 사람들과 영원히 함께한다는 증거로 세운 탑이다. 북한에는 이 영생탑이 수천 개 있다고 한다. 의주는 한글성경을 번역한 주역들이 살던 땅이다. 믿음의 뿌리이며 고향 같은 곳이다.

나무가 거의 없는 의주시 어적도의 작은 마을 ⓒLee

어적도 너머로 의주시의 전경이 보인다. 나무가 별로 없어 흙먼지로 뿌옇게 보인다. ⓒLee

그런데 지금은 그곳에 교회가 아닌 영생탑이 세워져 있다니 마음이 아팠다. 바람이 불어오니 흙먼지가 일기 시작했다. 땔감으로 나무를 쓰면서 나무가 많이 없어졌고, 이 때문에 바람이 불면 흙먼지로 넘치는 곳이 된 것 같다. 겨울이 되면 땔감이 부족해 오히려 굴뚝의 연기가 사라지는 곳이 된 것이다.

지금은 갈 수 없는 땅이 되어 버렸다. 더 정확히 이야기하면, 전 세계 모든 사람이 허가를 받으면 국경을 넘어 저 땅에 갈 수 있지만, 유일하게 대한민국 국적을 가진 사람만이 북한 국경을 넘어 저 땅에 갈 수 없는 곳이 되어 버렸다.

산성을 내려오는 길은 작은 강줄기를 따라 이어져 있었다. 10m도 채 되지 않는 그 강을 건너면 북한 땅이다. 오래전엔 강을 타고 다녔을 관광용 보트가 녹이 슨 채 방치되어 있었다. 강을 따라 중국 쪽 땅으로 길게 철조망이 이어져 있다. 김정일이 죽기 전까지는 철조망이 없었다고 한다. 하지만 김정일이 죽은 뒤에 중국 쪽에서 철조망을 먼저 설치했다고 한다. 김정일이 죽은 뒤 북한의 체제가 무너지면 큰 혼란이 일어날지도 모르는 상황을 염려한 중국이 북한 주민이 대거 강을 건너 중국 쪽으로 넘어오는 것을 방지하기 위해 철조망을 설치했다고 한다. 이곳에 오는 길에 중국 군인들이 압록강에서 대규모 군사 훈련을 하는 것을 목격했는데, 그 군사훈련이 도하 훈련이었다. 버젓이 북한이 지켜보는 앞에서 중국은 그런 훈련을 하고 있는 것이다. 중국과 북한의 관계는 정말 아이러니하고 미묘한 관계라는 생각이 들었다.

분단된 한반도를 둘러싸고 강대국들은 저마다 목적과 이해관계를 갖고 있다. 중국은 남한 주도로 통일이 이루어질 경우 압록강을 사이에 두고 어쩌면 주한미군과 대치해야 할지도 모른다. 북한은 중국에겐 미국을 견제할 수 있는 안전망 같은 존재이다. 미국은 한국과 일본을 이용해 중국과 러시아를 견제하고 많은 무기를 팔 수 있다. 일본은 안보 강화를 빌미로 자국의 군사 능력을 키워 가고 있다. 러시아는 극동을 개발함으로써 아시아에서 유럽을 넘나드는 강력한 능력을 행사하고 싶어 한다. 이렇듯 얽히고설킨 주변 정세로 인해 통일은 어렵고 복잡한 과정이 필요해 보인다.

산성을 내려와 후문 쪽 출구로 나서기 전에 커다란 돌비석이 세워져 있다. 일보과(一步跨)라는 한자가 새겨진 것이 눈에 띄었다. '한 걸음만 가면 닿는다'라는 뜻으로 조선과 중국의 거리를 표현한 말이다. 그렇다. 우리는 그 한 걸음을 그때나 지금이나 떼기가 어렵다. 의주 상인들은 그곳에서 강을 건너 고려문에서 장사를 했고, 번 돈 혹은 구입한 물건을 갖고 다시 의주로 돌아갈 수 있었다. 하지만 그들이 성경을 품에 안고 다시 의주로 돌아가기는 힘들었다. 그것은 목숨을 걸어야 하는 일이었다. 이미 대원군의 쇄국정책으로 인해 많은 천주교인들의 목이 잘려 나갔다. 서양 사람과 접촉한 조선인도 처벌을 받았고, 성경을 반입해 들어오다 붙잡히면 갖은 고문을 당해야 했다. 그때의 시대 상황이 그렇게 어두웠다.

호산장성 아래 세워져 있는 일보과(一步跨) 비석. 10m도 채 되지 않는 거리를 건너면 북한 의주시의 어적도다. 이 강을 건너 의주 상인들은 고려문으로 향했고, 한글성경을 들고 다시 돌아왔을 것이다. ©Lee

손에 닿을 듯한 땅, 왜 우리는 저곳에 갈 수 없는 것일까? 마음이 먹먹해졌다. 하지만 민족이 전 세계로 흩어지는 아픔, 분단의 치명적인 상처를 경험한 이 민족을 통해 이루시려는 하나님의 계획이 분명히 있을 거라는 믿음이 내겐 있다. 그래서 한편으론 가슴이 뛰기 시작했다. 언젠가 하나님이 우리를 통해 그 일을 이루실 때, 어쩌면 그때가 되어서야 하나님의 계획을 알게 될 것이다.

백씨에게 한문으로 된 성경을 건네준 뒤, 존 로스는 다시 일주일 넘게 걸려 만주의 잉커우 우장으로 돌아왔다. 그 후 존 로스는 몇 년 동안 여러 차례 다시 고려문으로 향했다. 사실, 조선 선교에 대한 비전을 품고 고려문을 여러 차례 방문한 것은 그가 처음이 아니었다. 이름 모를 들풀처럼 사라진 여러 하나님의 사람들이 조선의 문이 열리길 기도하며 고려문을 방문했다.

윌리엄 번즈(William Chalmers Burns), 그는 스코틀랜드에서 유명한 부흥사였다고 한다. 큰 교회에서 목회할 수도 있었고, 안정된 사역을 할 수 있었음에도 중국 선교를 결심하고 중국으로 향한 그는 중국내지선교회를 세운 허드슨 테일러(Hudson Taylor)와 동역하기도 했다. 허드슨 테일러는 그의 전기에서 윌리엄 번즈를 자신의 영적 아버지라고 소개했다.

나는 번즈 목사님 같은 영적인 부모를 곁에 둔 적이 없었고, 그와의 거룩하고 유쾌한 교제는 처음 있는 일이었다. 따라서 나는 번즈 목사님과 헤어지는 것이 하나님의 뜻일 리 없다고 생각했던 것 같다. (중략) 그러고는 집에 도착한 후에 눈물을 흘리면서 번즈 목사님께 다음과 같이 고백했다. "주님께서 나를 새 선교지로 부르셨는데 그곳으로 가면 번즈 목사님과 헤어지게 될 것 같아 그 부르심에 순종하지 않고 있습니다." 내 말을 듣던 목사님은 매우 놀라는 눈치였다. 그는 도리어 기쁜 표정으로 자신도 산터우로 가라는 하나님의 부르심을 받았다고 하면서 오늘 밤 내게 이야기하려고 했다는 것이었다. 그러면서 목사님 역시 나와 헤어지게 될 것 같아 매우 아쉬웠다고 했다.[3]

허드슨 테일러와 동역하며 서로 선한 영향을 주고받던 윌리엄 번즈는 당시 많은 선교사들이 활동하던 상하이(上海)와 옌타이의 지푸(芝芺)를 떠나 만주의 시작점인 잉커우로 선교 거점을 옮겼다. 그리고 그곳에서 만주 지역을 선교하며, 고려문까지 가서 조선의 사정을 살폈다.

사실 그가 고려문까지 가게 된 이유는 토마스 선교사의 순교가 결정적 영향을 끼쳤던 것 같다. 토마스 선교사가 조선을 마음에 품고 1866년 대동강에서 순교하기 전부터 윌리엄 번즈는 만주의 초기 선교사로서 조선을 품고 있었고, 그 마음을 토마스와 나누었을 가능성이 많다. 토마스의 순교 후, 윌리엄 번즈는 스코틀랜드 선교사 윌리엄슨과 함께 고려문에 가서 토마스의 소식과 조선의 선교 가능성을 타진했다. 그리고 그때 번즈와 동행했던 윌리엄슨은 1872년 중국에 도

3　허드슨 테일러, 《허드슨 테일러》, 김지찬 옮김, 생명의말씀사

착한 한 선교사에게 만주 선교를 맡겼다. 그가 바로 한글성경 번역을 시작한 존 로스 선교사다. 하나님은 그렇게 한 사람의 마음을 사게 하시고, 그 사람을 통해 또 다른 사람의 마음을 움직이시며, 순교의 피를 통해 믿음의 큰일을 이루어 가고 계셨다.

기도가 쌓이고 쌓인 고려문. 그곳은 언젠가 열릴 수밖에 없는 곳임에 분명했다. 그 희망을 품고 있던 존 로스는 1876년 2월에 조선과 일본이 조일수호조규, 일명 강화도 조약을 맺었다는 소식을 들었을 것이다. 강화도 조약으로 조선의 문이 일본뿐 아니라 다른 나라에도 열릴 것이라는 기대를 품고 존 로스는 1876년 3월에 다시 고려문을 찾았다. 두 번째 고려문 방문이었다. 존 로스는 이 두 번째 방문에서 고려문에만 머무르지 않고 애하와 압록강이 만나는 지점까지 가서 조선 땅을 보았다. 그의 시선에 들어온 조선 땅은 의주였다.

애하는 압록강과 만나는 작은 강이다. 존 로스가 애하 어느 지점에서 조선 땅을 보며 기도했는지는 알 수 없지만, 애하와 압록강이 만나는 지점에서 조선을 좀 더 잘 살펴볼 수 있었을 것이다. ©Lee

그러나 조선의 문은 언제 열릴지 도무지 알 수 없었다. 다만 존 로스는 언젠가 그 문이 열릴 때를 대비해 다시 집으로 돌아가기 전에 조선말 선생을 구했다. 존 로스의 조선말 선생, 그는 의주 상인 이응찬이었다.

이응찬은 백씨처럼 의주 상인이었다. 그는 돈을 벌어야 했고, 존 로스가 제안한 돈을 받고 그의 조선어 선생이 되었다. 사실 그가 처음부터 기독교의 교리나 성경에 관심이 있었는지는 모르겠지만, 아무튼 뛰어난 능력을 발휘하여 최초의 한글성경이 번역되기까지 지대한 역할을 감당했다. 서양 사람과 접촉하면 안 되던 시기인지라, 다른 조선인의 협박과 밀고가 두려워 이응찬은 잠시 조선으로 돌아간 적도 있지만, 결국 다시 돌아와 존 로스와 그의 매제인 매킨타이어와 함께 한글로 성경을 번역했다.

이응찬은 존 로스와 매킨타이어의 조선어 선생이었으며, 가장 오랫동안 한글성경 번역에 참여했고 결국 세례까지 받았다. 이응찬이 없었다면 선교사들을 위한 한국어 교재인《한국어 첫걸음(corea primer)》[4]과 한글성경 번역이 나오기까지 더 많은 시간이 걸렸을 것이다. 이응찬은 1883년 9월 콜레라에 걸려 사망하기까지[5] 6년여간 한글성경 번역을 한 하나님이 예비하신 사람이었다.

---

4 미국 캘리포니아대학교 도서관

5 한국기독교역사학회, 《한국 기독교의 역사》, 기독교문사, p.108

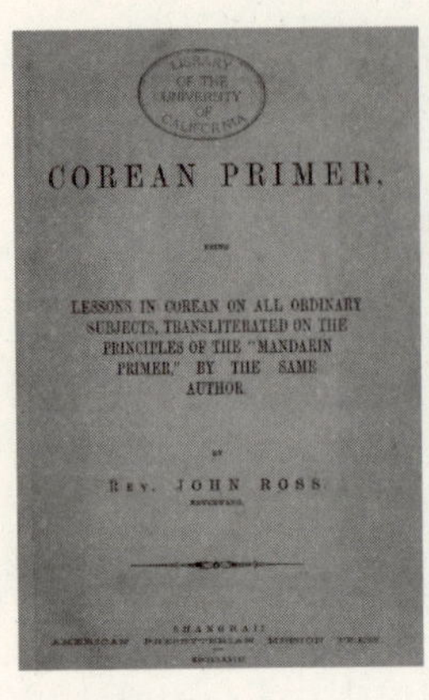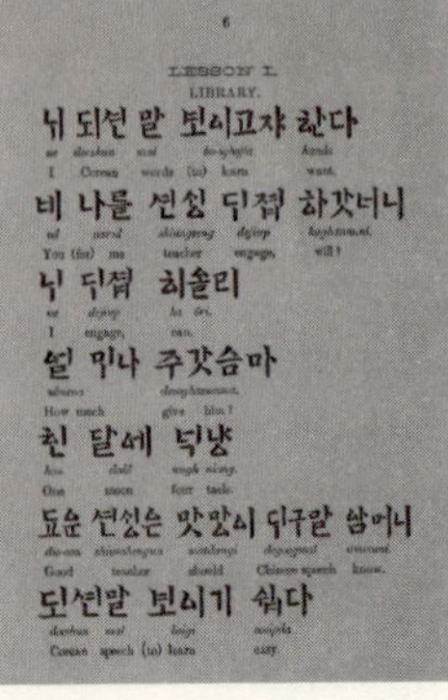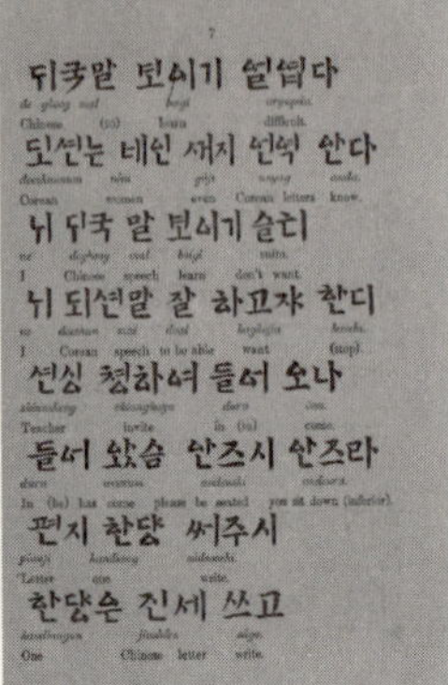

코리아 프라이머(corea primer, 한국어 첫걸음)

존 로스　　내 조선말 배우고자 한다.

이응찬　　네 나를 선생 대접하겠느냐?

존 로스　　내 대접하오리.

이응찬　　얼마나 주겠슴마?

존 로스　　한 달에 넉 냥. 좋은 선생은 마땅히 중국말 안다.

이응찬　　조선말 배우기 쉽다. 중국말 배우기 어렵다. 조선에서는 여인

까지 언문을 안다.

존 로스　　내 중국말 배우기 싫다. 내 조선말 잘하고자 한다. 선생 청하

여 들어오라.

이응찬　　들어왔음.

존 로스　　앉으시오. 앉으라. 편지 한 장 써 주시오. 한 장은 진서(眞書)

쓰고.[6]

《코리아 프라이머》(한국어 첫걸음)는 한글성경 번역을 위한 준비 단계 책이었다. 이 책에는 존 로스와 이응찬의 대화가 잠시 나와 있는데, 사투리와 당시 상황이 그려져서 흥미롭다. 이응찬이 조선에서는 여인까지 언문(한글)을 안다고 한 것으로 보아, 존 로스는 아마도 한글성경이 번역되면 조선의 여인들과 신분이 낮은 사람들도 그리스도의 사랑을 알게 될 것이라고 생각했을 것이다. 만주에서 이뤄진 한글성경 번역은 그렇게 사회적으로 낮은 자들을 위해서 준비되고 있었다.

또 한 명의 의주 상인이 있었다. 그의 이름은 앞서 언급한 백씨의 아들 백홍준이다. 백홍준은 아버지 백씨에게서 성경을 받았다. 그는 성경을 읽으며 여기에 기록된 글들이 단순한 글이 아니라 진리일지도 모른다고 생각했던 것 같다. 성경은 지금까지 알고 있던 모든 도를 충분히 뛰어넘고도 남는, 어쩌면 인간이 생각해 낼 수 없는 진리이며, 세상이 창조된 비밀과 존재 이유를 명확히 설명하고 있기 때문이었다. 백홍준은 아버지에게 성경을 건네주었던 그 서양 선교사를 만나기 위해 친구와 함께 잉커우 우장으로 갔다. 그리고 그곳에서 매킨타이어라는 서양 사람을 만났다. 존 로스의 동역자인 매킨타이어를 만난 것이다.

구도자 백홍준은 매킨타이어를 만나 다행히 그가 그토록 간절히

---

6   J.Ross, Corea Primer Lesson 1의 일부; 옥성득, 《첫 사건으로 본 초대 한국교회사》, 짓다 재인용

찾던 도를 찾았던 것 같다. 그 도는 예수님에 대한 복음이었고 진리의 말씀이었다. 백홍준은 매킨타이어의 도움으로 2~4개월간 성경을 공부한 후 세례를 받았다. 그리고 성경 번역 사업에 참여했다.

또 다른 한 사람이 찾아왔다. 그는 로스에게서 성서를 받은 사람의 아들이었다. 그는 말 그대로 교리를 배울 목적으로 찾아왔으며 일자리를 얻을 목적은 전혀 없었다. 그런데 사실은 그가 2~4개월 우리와 함께 있으면서 교리를 배우는 동안 그를 번역인으로 활용하였다. 그러나 그는 세례를 받자마자 고집하여 집으로 돌아갔다. 그는 그 후로 한 번 고려문에 장이 열릴 기간 중에 우리를 다시 찾아왔다. 그때에도 그는 일자리를 얻을 뜻은 전혀 비추지 않았다. 그가 세례 받은 때에야 나는 책(존 로스가 백홍준의 아버지인 백씨에게 준 성경—필자 주)이 이루어 놓은 사실 이야기를 알게 되었다.(매킨타이어, 1880년)[7]

사실 백홍준의 아버지 백씨만이 존 로스로부터 성경책을 받은 것은 아니었을 것이다. 고려문에 모인 수없이 많은 조선 상인들에게 존 로스는 성경책을 건네려 했을 것이다. 개중에 어떤 상인들은 그 책을 가지고 집으로 돌아가다 들키면 죽을 수도 있다는 사실 때문에 받지 않았을 것이고, 어떤 이들은 근처에서 감시 중인 관원의 눈이 두려웠을 것이고, 어떤 이는 그런 책에 관심이 별로 없었을 것이다. 백씨 역시 어쩌면 그 많은 사람들 가운데 한 사람이었을 것이다. 하지만 그는

---

7 UPMR, Jul. 1. 1880, p. 278; 이덕주, "초기 한글 성서 번역에 관한 연구" 재인용

의주 사람 백홍준은 초대 한국 교회 형성기에 성경 번역에 참여했으며, 최초의 권서인으로서 의주를 비롯한 북쪽 지역 전역에 수없이 많은 성경과 복음을 전했다.

위험을 무릅쓰고 성경을 집까지 가져갔고 마침내 백홍준의 손에 들어감으로써 이 땅을 변화시키는 커다란 초석이 되었다. 별것 아닌 이 사건이 이 땅에 커다란 변화를 가져온 것이다. 백씨는 아마도 자신이 하나님 일에 어떻게 사용되었는지 전혀 몰랐을 것이다. 이처럼 하나님은 당신이 택하신 사람을 통해 도무지 상상할 수 없는 놀라운 일을 하시는 분이다.

너희가 나를 택한 것이 아니요 내가 너희를 택하여 세웠나니 이는 너희로 가서 열매를 맺게 하고 또 너희 열매가 항상 있게 하여 내 이름으로 아버지께 무엇을 구하든지 다 받게 하려 함이라

요한복음 15:16

또 한 명의 의주 사람이 있었다. 백홍준과 함께 의주를 떠나 진리를 찾아 잉커우까지 간 백홍준의 동향 친구다. 그 역시 조선인 최초의 세례자이며 성경 번역에 참여했다. 그러나 그의 이름은 알려지지 않고 있다. 매킨타이어는 성경을 전해 듣고 세례를 받고자 한 이 청년을 보고 기쁜 동시에 염려스러웠을 것이다. 복음을 듣고 복음의 사람이 되고자 하는 것은 기쁜 일이나, 당시 조선에서는 서학을 하는 것이 알려지면 사형에 처해졌으므로 자칫 의욕만 앞선 섣부른 판단이 아닌지 염려가 된 것이다. 그래서 매킨타이어는 세례 받길 원하는 그 마음이 진정으로 하나님의 인도하심에서 온 것인지, 그리고 그에게 목숨을 걸 만큼 절박한 것인지 그 진정성을 확인하고 싶었을 것이다. 매킨타이어는 그 의주 사람에게 세례를 받고자 한다면 고향에 돌아가 부모의 허락을 받아 오라고 했다.[8] 그러자 그는 1월의 칼바람과 영하 수십℃의 추위를 뚫고 고향으로 돌아갔다.

아마도 매킨타이어는 그를 위해 계속 기도하지 않았을까? 그가 부모의 허락을 꼭 얻어 돌아오기를, 하나님이 그와 동행하여 주시길, 그리고 그의 마음이 변하지 않기를.

기도의 응답이었을까? 아니면 하나님의 계획하심과 예비하심이었을까? 그는 끝내 세례를 받기 위해 매킨타이어의 요구대로 부모의 허락을 받고 다시 돌아왔다. 여태껏 한 번도 들어 보지 못한, 고통스런 삶의 문제를 해결할 수 있는 그 도(道), 그 진리를 발견한 이름 모를

---

8 이만열 외, 《대한성서공회사1. 조직·성장과 수난》, 대한성서공회, p.39

그는 그렇게 영하 수십℃를 오르내리는 만주의 눈보라를 뚫고 왕복 600km 가까운 거리를 다녀온 것이다. 오늘날 발달된 도로 사정으로도 120시간 가까이 걸리는 길이다. 당시 도로 사정과 열악한 환경 등을 고려할 때 족히 240시간은 걸렸을 것이다. 하루 8시간씩 걷는다고 했을 때 왕복 30일이 걸리는 거리다.

그의 마음은 어땠을까? 손과 발은 꽁꽁 얼어 갔고, 얼굴은 칼바람으로 아팠을 것이다. 살을 에는 추위를 뚫고 걸으며 그는 무슨 생각을 했을까? 성경에서 읽은 예수님의 사랑을 생각하지 않았을까?

그는 세례 받기로 결심하기까지 숱한 고민의 밤을 지새웠을지도 모른다. 도대체 왜 예수님은 자신의 십자가를 지고 골고다 언덕을 향해 올라가셨을까? 하나님의 아들이라면 위대한 능력을 발휘해 나쁜 놈들을 혼내 주고 자신이 누구인지 증명했어야 하지 않을까? 도대체 왜 예수님은 바보처럼 아무런 저항조차 하지 않고 그 고통을 감당하셨을까? 나는 지금껏 이 혼란스럽고 가난하고 고통스러운 세상을 끝내 버리는 도를 찾지 않았는가. 그런 강한 힘과 능력과는 거리가 먼 예수님이 과연 우리의 구원자가 될 수 있을까? 과연 내가 서양 신을 믿어도 될까?

그가 그런 고민을 했든, 아니면 성령의 임재하심 가운데 강권적으로 예수님을 영접하게 되었든, 그는 예수님의 사랑 외에는 답이 없다고 생각하지 않았을까? 그는 결국 그 여정을 끝내고 조선인 최초의 세례를 받은 사람이 되었다. 그의 이름은 아직 정확한 사료가 발견되지 않아 의문점으로 남아 있지만 김진기라고 보는 견해가 있다.[9] 그는 돌아와 역시 존 로스와 매킨타이어와 함께 성경 번역 작업에 참여했다.

또 한 명의 의주 상인이 있었다. 서상륜이다. 그는 동생 서경조와 함께 홍삼을 팔기 위해 잉커우까지 갔다. 하지만 도중에 극심한 장티푸스에 걸려 죽을 위기에 처했다. 그때 매킨타이어 선교사가 아무 조건 없이 병원을 소개하고 치료와 간호까지 해 주었다. 죽음의 목전에서 살아난 서상륜은 조건 없는 그 사랑의 이유가 궁금했을 것이다.

양반 가문에서 태어났지만, 열세 살에 부모를 잃고 가족의 생계를 책임져야 했던 서상륜에게 세상은 결코 호락호락하지 않았다. 먹고살 길이 막막한 이 시대에 동향도 아닌 서양인이 왜 자신에게 호의를 베푼 것인가, 더구나 왜 아무런 대가도 바라지 않는 것인가, 그는 의문이 들지 않을 수 없었을 것이다.

조건 없는 베풂이 예수 그리스도의 사랑 때문이라는 사실을 알고 나서 서상륜은 매킨타이어가 믿는 그 예수가 궁금했을 것이다. 그리고 그 예수의 이야기가 담긴 성경에 관심을 갖게 되었을 것이다. 서상륜은 그렇게 자연스럽게 그리스도의 사랑을 체험하며 한글성경 번역에 참여하게 됐다. 서상륜은 이후 평생을 이 땅의 복음 전파를 위해 살았고, 서울까지 내려와 한글성경을 전했다. 그 성경으로 인해 세례를 받기 원하는 사람들이 있다는 소식을 의주의 존 로스 선교사에게 전한 사람도 서상륜이었다. 앞서 말했듯이, 언더우드와 아펜젤러, 스

---

9 옥성득의 《첫 사건으로 본 초대 한국교회사》에는 첫 세례자가 '김진기로 알려져 있음'이라고 명시하고 있다.

서상륜과 그의 가족들

크랜턴 등의 서양 선교사들이 일본을 통해 조선에 처음 도착했을 때 이미 서상륜이 전한 한글성경이 한양에 퍼져 있었던 이유가 여기에 있다.

믿음을 가진 자, 그 믿음을 자신만 갖고 있지 않았던 사람, 자신의 모든 것을 바꿔 버린 예수 그리스도의 사랑을 혼자만 알고 있지 않았던 사람이 서상륜이었다. 서상륜은 그 복음의 기쁜 소식을 전해야만 하는 예수님의 사랑에 매인 사명자였다. 그리고 그는 자신에게 맡겨진 그 사명에 순종했다.

그렇게 의주 사람들은 성경에 대해 알게 되었고, 세례를 받게 되었다. 혹은 세례를 받고 성경 번역에 참여하기도 했고, 성경을 번역하다가 세례를 받게 된 경우도 있다. 앞서 말한 의주 상인들 외에도 이성하 등을 포함한 십여 명의 조선 사람들이 한글성경 번역에 참여했다.

기록으로 남아 있든 남아 있지 않든, 각자에게 찾아오신 하나님이 계셨을 것이다. 그 수없이 많은 개인적 사건과 사연들 속에는 그 모든 일의 주관자이신 하나님이 계시다. 하나님은 믿는 자들이 믿음을 갖게 되어 하나님 사랑의 통로로 사용되기까지 각자의 상황과 분량을 따라 세밀하고 세심하게 일하신다.

> 그런즉 심는 이나 물 주는 이는 아무것도 아니로되 오직 자라게 하시는 이는 하나님뿐이니라 심는 이와 물 주는 이는 한 가지이나 각각 자기가 일한 대로 자기의 상을 받으리라 우리는 하나님의 동역자들이요 너희는 하나님의 밭이요 하나님의 집이니라
>
> 고린도전서 3:7-9

의주 상인들이 고려문에서 한문성경을 받고, 이후에 성경을 번역하게 되는 모든 과정이 지금의 상황과 다르지 않은 것 같다. 호산 장성에서 갈 수 없는 북한 땅 의주를 바라보면서 140여 년 전 저 땅의 사람들이 이 나라를 하나님의 땅으로 바꾸는 데 쓰임 받았듯이 통일이 되면 저 땅의 사람들이 다시 쓰임 받게 될 것이라 확신한다. 고난은 신앙을 성숙시킨다. 오랜 기독교 역사가 그것을 증명하고 있지 않은가.

한때 이 나라의 많은 영적 리더들이 북쪽 사람이었다. 북한의 지하교회는 고난 중에도 영적으로 계속 성장하고 있다. 통일이 되면, 저 갈 수 없는 땅의 사람들은 엄청난 영성으로 다시 부흥을 이끌어 갈 것이다. 그리고 그 부흥의 물결은 통일 조국을 넘어 중국으로 러시아로,

그리고 중앙아시아를 관통해 예루살렘으로까지 가지 않을까? 하나님이 우리 민족에게 기적을 베푸신 이유는 그런 열방을 향한 소망 때문이 아닐까?

4

한글성경을 위한 불씨,
존 로스와 토마스

◇

토마스는 아내와 아기가 묻힌 중국을 떠날 수 없었다.
아마도 그는 자신의 가장 소중한 존재의 죽음을 통해,
끌어안아야 할 더 큰 죽음에 눈을 떴기 때문일 것이다.
토마스가 아내를 잃었듯 존 로스도 아내를 잃었다.
하지만 존 로스도 토마스처럼 다시 일어섰다.
그리고 아내를 묻은 그 땅을 하나님의 마음으로 더 품기로 결심했을 것이다.

◇

1872년부터 중국 만주에서 사역하던 존 로스는 왜, 어떻게 한글 성경 번역을 시작하게 되었을까? 그는 중국에서 교회를 세우고 중국인들을 전도하며, 교회를 세워 나가고 있었다. 그가 스코틀랜드에서 중국에 도착했을 때 먼저 사역하고 있던 윌리엄슨 선교사가 그에게 만주 지역에서 사역하길 권했다. 존 로스가 만주 지역을 맡아 사역하게 된 이유엔 토마스 선교사의 순교가 큰 역할을 했을 것이다. 존 로스와 토마스는 서로 만난 적이 없지만, 과거와 현재, 그리고 미래를 뛰어넘어 일하시는 하나님의 시간 안에서 연결되어 있었다.

범사에 기한이 있고 천하만사가 다 때가 있나니 전도서 3:1

한글성경 번역에 대한 마음을 품게 된 존 로스와 순교자 토마스의 연관성을 설명하기 위해서는, 1864년으로 거슬러 올라가야 한다. 존 로스가 백씨를 만나 성경을 건네주었던 1874년 즈음에서 10년 전의 시점이다. 1864년, 그 해 어떤 일이 있었을까?

1863년 런던선교회에서 중국 상하이로 파송된 토마스는 사역한 지 1년 만인 1864년에 큰 아픔을 겪게 된다. 아내가 유산을 한 채 과다출혈로 세상을 떠난 것이다. 심지어 아내가 세상을 떠날 때 토마스는 아내 곁을 지키지 못했다. 토마스는 후베이성(湖北省) 우한(武漢)시의 한커우(漢口)에 있었다.[1] 그는 왜 그곳에 있었을까?

토마스는 고향에서부터 알고 지내던 그리피스 존 선교사의 초청을 받아 한커우로 가게 되었다.[2] 항구에 집중적으로 모여 사는 다른 선교사들과 달리 토마스는 빨리 내지로 들어가 복음을 전해야 한다고 생각했다. 그는 더 내지로 들어가 중국인들 안에 동화되어 진짜(?) 선교를 하고 싶었던 것 같다. 그래서 상하이보다 훨씬 더 내지에 위치한 후베이성의 우한시를 살펴보기 위해 집을 떠나 있었던 것이다. 또한 임신 중인 아내에게도 상하이의 변덕스러운 기후보다는 우한의 따뜻한 기후가 더 좋다고 생각했을 것이다.

우한시는 상하이에서 서쪽으로 중국 내륙의 중심지에 위치하고 있는 도시다. 1861년 청나라가 서구와 맺은 불평등 조약으로 인해 우한시 한커우는 강제로 통상이 이루어진 곳이었고 해관인 장한관이 설치된 곳이었다. 예부터 수상교통이 발달한 내륙의 중심지로 상업 활동이 활발하게 이루어지던 곳이었다. 상하이처럼 우한시에도 서양인들이 모여 사는 조계지가 있었다. 그는 하나님의 소망을 품고 우한시의 여러 곳을 둘러보고 있었을 것이다.

하지만 토마스가 상하이로 돌아왔을 때, 아내와 태중의 아기는 이미 천국으로 떠나고 난 뒤였다. 토마스의 슬픔을 어떻게 짐작할 수

1 　유해석, 《토마스 목사전》, 생명의말씀사, p.137

2 　같은 책, p.137

있겠는가. 그가 런던선교회에 보낸 편지를 통해 그의 마음을 가늠해 볼 뿐이다.

영국을 떠나 여기서 처음 쓰는 편지가 이런 슬픈 소식이 될 줄 몰랐습니다. 사랑하는 아내 캐롤라인이 지난달 3월 24일에 세상을 떠났습니다. 저는 완전히 힘을 잃고 말았습니다. 이런 편지를 쓰다 보니 슬픔을 참을 길이 없습니다. 귀한 선교 사역을 위해 이전보다 더 노력해야겠지만, 현재 저는 다시 일어날 수 없을 정도로 깊은 절망 속에 빠져 있습니다. (1864년 4월 5일)

토마스는 아내와 탯속의 아기를 잃고 다시 일어나지 못할 만큼 깊은 슬픔 속에 빠져 있었다. 더구나 런던선교회 상하이 지부장이던 뮤어헤드와도 트러블이 있었다.[3] 결국 토마스는 런던선교회 선교사를 사임하게 된다. 사임 후 그는 상하이를 떠나 산둥반도의 지푸(옌타이의 옛 지명)로 갔다. 친구였던 로버트 하트[4]의 소개로 지푸에서 동해관이라는 세관의 통역관 및 감독관으로 일하기 위해서다. 토마스는 중국 고위 관리들과 교류할 수 있는 좋은 기회라고 생각했다.[5] 지푸에는 스코틀랜드성공회 소속의 윌리엄슨 선교사가 있었는데, 윌리엄슨과 토마스는 중국으로 향하는 배를 함께 타고 온 인연이 있었다.

---

3 토마스 부부와 뮤어헤드 부부는 한 집에서 같이 살았다. 공동생활에서 일어난 감정적 충돌, 그리고 토마스의 아내 캐롤라인의 죽음으로 인한 오해로, 토마스와 뮤어헤드는 갈등을 겪었다.

4 토마스의 친구인 로버트 하트는 당시 지푸에서 세관의 총세무관으로 근무하고 있었다.

5 토마스가 런던선교회에 보낸 편지(1865.1.31.); 유해석, 《토마스 목사전》 p.67 재인용

친구의 소개로 취직했다지만, 토마스는 아마도 새로운 선교 사역지를 알아보기 위해 산둥반도의 지푸로 갔을 가능성이 크다. 또한 중국에 올 때부터 알고 지내던 윌리엄슨이 있는 곳이라서 더 끌렸을 것이다.

토마스는 지푸에서 윌리엄슨과 교제를 나누며 그의 진정 어린 도움을 많이 받게 되었다. 토마스는 그곳에서 아내를 잃은 마음을 추스르며 하나님의 뜻과 인도하심을 구했을 것이다. 어떤 사역을 감당해야 하는지, 그는 기도하며 묻고 또 물었을 것이다.

옌타이 항구 근처의 옌타이산 공원 안에는 토마스가 머물던 동해관 세관 건물과 직원들을 위한 기숙사가 아직도 남아 있다. 건물 입구 작은 표지판엔 관련 정보가 영문으로 적혀 있다. 지금으로부터 150여 년 전, 토마스는 이곳에 머물렀고 이 주변을 돌아다녔을 것이다. 아내와 아기를 잃고 토마스는 하나님의 뜻을 도무지 이해할 수 없었을 것이다. 아내와 아기의 죽음이 자신의 부재로 인한 것이라 여겨 죄책감

옌타이의 옌타이산 공원에서 내려다본 옌타이 항구. 이곳을 통해 토마스와 존 로스가 왔고, 이 항구를 통해 토마스는 조선의 평양으로 향했다. ⓒLee

고층 빌딩이 들어선 관광도시로 변해 가는 옌타이 시 해변. ⓒLee

토마스가 살았던 동해관 세관 기숙사 건물. 이곳에서 토마스는 가족을 잃은 슬픔을 뒤로한 채 새로운 조선 선교의 꿈을 꾸었다. 현재 세관 기숙사 건물은 웨딩 스튜디오로 사용되고 있다. ⓒLee

도 있었을 것이다. 그의 마음은 한동안 슬픔으로 가득했을 것이다. 그런 그의 마음을 잘 아시는 하나님은 또 얼마나 슬퍼하셨을까? 하지만 그는 옌타이에서 다시 새 힘을 얻기 시작했고, 하나님이 주신 계획을 따라가기 시작했다. 바로 옆 언덕에 올라 한눈에 보이는 항구와 바다를 바라보며 슬픔을 달래고 하나님의 인도하심을 구하며 기도했을 것이다. 그리고 바다 너머 어딘가에 조선이라는 미지의 나라가 있다는 이야기도 들었을 것이다.

　토마스는 아내와 아기가 묻힌 중국을 떠날 수 없었다. 아마도 그가 가장 소중히 여긴 존재의 죽음을 통해 자신이 끌어안아야 할 더 큰 죽음에 눈을 떴기 때문일 것이다. 아내와 자식의 죽음을 통해 토마스는 아프지만 그래서 고통스럽지만, 하나님 아버지의 마음을 더 깊이 알게 되었을 것이다. 하나님 아버지 또한 아들 예수님의 죽음을 지켜보며 얼마나 아프고 고통스러우셨을까? 아마도 하나님은 토마스의 마음을 이해하셨을 것이고, 토마스 역시 하나님의 마음을 이해하게 되지 않았을까? 그 과정을 통해 토마스는 자신이 끌어안아야 할, 복음을 듣지 못하고 죽는 사람들에 대한 마음이 더 뜨거워졌을 것이다. 그리고 그 마음은 토마스를 통해 일하시는 하나님의 마음이었을 것이다.

토마스는 산둥반도의 지푸에서 세관 통역관으로 일하면서 함께 일하는 중국인을 전도했고, 윌리엄슨과 번갈아 가며 중국인들에게 설교했으며, 영국인 교회에서도 목사로 일했다. 그는 하나님의 뜻을 알기 위해 더 열심히 살았던 것 같다. 그리고 마음속에 무거운 짐처럼 남아 있던 뮤어헤드와의 갈등도 풀고 화해했다. 하나님은 그렇게 토마스를 정결하게 준비시키고 계셨다.

그러던 어느 날, 토마스는 윌리엄슨의 소개로 조선에서 온 천주교인 김좌평과 최선일을 만나면서 조선이라는 나라를 알게 된다. 토마스는 그들을 통해 천주교 박해를 비롯해 조선의 상황에 대해 들었을 것이다. 이때 그의 마음엔 새로운 소망과 열정이 타올랐던 것 같다. 그는 스코틀랜드성서공회의 윌리엄슨이 지원해 준 한문성경을 들고 1865년 9월 12일, 산둥반도 지푸를 떠나 조선으로 가는 배에 올랐다. 토마스는 창린도에 도착한 뒤 백령도 인근 지역을 돌면서 두 달 반가량 한문성경을 배포하고, 조선말을 익혔다. 이후 토마스는 조선의 수도인 서울로 가고 싶었지만 풍랑으로 갈 수 없어 만주로 돌아왔다고 전해진다. 이것이 토마스의 1차 조선 전도 여행이었다.

조선에 다녀온 뒤 토마스는 베이징에서 런던선교회에서 운영하는 중서학원 원장으로 일하게 된다. 윌리엄슨의 도움으로 런던선교회와 갈등을 해소한 뒤 다시 런던선교회 소속 선교사로 활동하게 된 것 같다. 하지만 토마스의 마음속에는 조선에 대한 열망이 더 커지고 있었을 것이다. 한편, 베이징에는 앞서 잠깐 말한 윌리엄 번즈라는 선교사가 있었다. 번즈는 베이징에서 선교 활동을 하면서 윌리엄슨과 토마스에게 조선의 사절단인 동지사 일행을 소개해 주었던 것 같다.[6] 베이징에서 조선 사람을 만나고 토마스의 마음은 어땠을까? 아마도 그의 마음속에는 반가움을 넘어 조선을 향한 열망이 다시 일어났을 것이다.

이때 토마스는 그 동지사 일행을 따라 평양에서 온 박가라는 성을 가진 상인을 만나고 뜻밖의 말을 들었다. "야소교 책이 매우 좋소이다."[7]

평양에서 온 상인은 어떻게 야소교 책, 즉 성경을 구할 수 있었으며, 그 책을 읽을 수 있었을까? 반년 전쯤에 토마스가 처음으로 조선을 방문해, 창린도와 백령도 인근 해안을 다니며 전한 그 한문성경일지도 모른다. 혹은 오래전 여러 가지 방법으로 전해진 한문성경을 읽었을지도 모른다. 하지만 분명한 것은, 이때 토마스는 그가 조선에서 한문성경을 전한 일이 결코 무모하거나 헛된 것이 아님을 확신하게 되었을 것이며, 하나님이 조선을 향해 일하고 계심을 명확히 알게 되었을 것이다.

<hr>

6   블로그 '포도나무와 생명으로 연결되어 사는 가지들의 행복' 글 발췌. '조선을 향한 마게도냐의 환상', https://blog.naver.com/dyskekq/220662240581

7   1866년 4월 4일자 토마스의 편지; 김명구, 《복음, 성령, 교회》, 예영커뮤니케이션, p.57

나는 조선인들이 성경을 열심히 읽는다는 것을 자신 있게 말할 수 있습니다.
조선인들은 다른 어느 민족보다 복음에 관심이 많으며 하나님 나라를 위해
크게 쓰임 받을 민족입니다.(토마스가 런던선교회로 보낸 마지막 편지, 1866년 4월 4일)

그의 조선을 향한 마음이 더 타올랐을 것이다. 많은 선교사들이 이미 선교하고 있는 베이징보다는 아직 예수를 모르는 조선이라는 땅이 자꾸만 생각나고 조선 사람들이 자꾸 눈에 밟혔을 것이다. 그 꺼지지 않는 마음을 놓고 기도하며, 토마스는 자신이 있을 곳이 베이징이 아닌 조선이라고 확신했을 것이다. 하나님은 그렇게 한 사람 한 사람의 마음을 통해 일하신다.

이제 토마스는 더 이상 베이징에 머무를 이유가 없었다. 인간적인 관점에서 보면, 상하이에 처음 도착해 런던선교회와 갈등이 생겼고, 윌리엄슨의 도움으로 그 갈등이 해소돼 다시 런던선교회에서 일하게 된 상황이기 때문에, 베이징의 런던선교회 일을 그만두고 다시 조선을 향한다는 것은 성급하고 독단적으로 보일지도 몰랐다. 하지만 토마스는 염두에 두지 않았다. 그는 조선으로 가야만 했다. 그것이 하나님의 뜻이라고 확신한 게 분명했다. 마침내 그는 제너럴셔먼 호라는 무장상선에 몸을 실었다.

가난한 곳, 아직 예수님의 사랑을 모르는 곳, 그러나 베이징보다 더 위험한 곳, 목숨을 걸어야 하는 곳, 토마스는 그곳에 보내기 원하시는 하나님의 부르심에 기꺼이 순종했다. 누군가는 그가 성급하게

조선으로 가는 바람에 결국 목숨을 잃었다고 말할지 모르지만, 하나님은 그 성급함까지도 사용하셨을 것이다.

평양 인근에 도착한 제너럴셔먼 호는 무력을 행사하며 무리한 통상교역을 요구했다. 조선은 제너럴셔먼 호의 행태를 용납할 수 없었다. 조선 군인과 제너럴셔먼 호 간의 전투가 벌어졌고, 그 과정에서 통역관 역할을 하던 토마스는 목숨을 잃었다.

그의 죽음이 순교인지 아닌지에 대한 논란은 여전히 존재하고 있다. 겉으로 볼 때 그는 무장선의 통역관으로 사망했다. 하지만 그는 그가 가진 선교사의 본분을 잊지 않았을 것이다. 그는 죽기 전까지 성경을 전하려 했고, 그의 죽음은 조선을 향한 선교의 불씨가 되어 다른 사람들의 마음에 당겨졌다. 그런 의미에서 토마스의 죽음은 순교로 보는 것이 당연하지 않을까?

1866년 8월, 토마스 목사가 대동강에서 순교한 후 그의 조선행에 영향을 준 두 명의 선교사가 조선의 상황을 살피러 고려문에 당도했다. 번즈와 윌리엄슨이다. 1867년, 고려문에 당도한 그들은 토마스의 생사도 궁금했을 것이고 꽁꽁 닫혀 있던 조선의 소식도 궁금했을 것이다.

토마스의 죽음은 윌리엄 번즈에게 많은 영향을 주었던 것 같다. 윌리엄 번즈는 1847년에 중국으로 파송 받아 사역한 지 20년째인 1867년에 사역지를 만주 지역인 잉커우로 옮겼다. 스코틀랜드에서 큰 부흥을 이끌던 부흥사였던 그는 모든 명성과 안정된 생활을 뒤로하고 중국 선교사가 되었다. 그는 해안선 선교를 등지고 허드슨 테일러와 함께 내지로 들어가 사역하는가 하면, 《천로역정》과 시편, 그리고 전도용 소책자인 〈Peep of Day〉를 번역하며 중국 선교에 한평생을 바친 선교사였다. 그런 그가 그간의 사역에 안주하지 않고 더 척박한 만주 지역으로 들어갔다는 것은, 그만큼 그의 선교에 대한 열정이 대단했음을 알 수 있다.

번즈는 만주 지역의 첫 개신교 선교사가 되었다. 하지만 안타깝게도 그는 본격적인 만주 사역을 시작한 지 6개월 만에 하나님의 부르심을 받았다. 그는 떠나기 전에 "하나님께서 선한 일을 계속하실 것이니, 아무 걱정 없다"는 말을 남겼다고 한다.[8]

두 명의 동역자를 잃은 윌리엄슨은 알고 있었을 것이다. 조선과 그리고 조선으로 들어가는 관문인 만주, 그 땅에 순교의 피가 흘려진 것은 하나님이 그 땅을 위해 일하고 계시다는 증거라는 사실을 말이다. 그리고 누군가는 하나님의 그 계획에 순종해 하나님의 마음으로 그 땅을 바라보며 하나님께서 맡기신 선교의 일을 해야만 한다는 것도.

옌타이에 지부를 두고 산둥반도에서 활동하던 윌리엄슨은 1864년부터 이미 만주 지역과 조선에 대한 비전을 갖고 그 광대한 땅을 순회하며 성경을 전하는 일을 멈추지 않았다. 토마스와 번즈의 순교 이후 윌리엄슨은 만주를 기점으로 조선까지 선교의 영역을 확장해야 한다고 생각했던 것 같다. 그는 기도했을 것이다. 광대한 땅 만주

---

8 김명구, 《복음, 성령, 교회》, 예영커뮤니케이션, p.71

지역에서 복음의 씨를 뿌릴 선교사를 보내 달라고 말이다. 윌리엄슨은 그 부르심에 응답할 사람을 기다렸다. 이 하나님의 부르심에 응답한 사람이 바로 존 로스 선교사다.

1872년 8월 스코틀랜드에서 존 로스 선교사와 그의 아내 스튜어트가 산둥반도 옌타이(지푸)에 도착했다. 1842년생, 이제 스물아홉의 청년 존 로스는 그해 3월에 목사 안수를 받고, 결혼식도 올렸다. 그리고 4월에, 부부는 함께 스코틀랜드를 떠나 4개월 만에 중국 옌타이에 도착했다.

당시 스코틀랜드 연합장로교의 산둥지부에서 일하던 윌리엄슨은 존 로스에게 만주 선교의 필요성을 말했을 것이다. 존 로스는 윌리엄슨의 권고를 받고 2개월 뒤인 10월에 결국 만주의 시작점인 잉커우에 임신한 아내와 함께 도착했다.

10월 우리는 요하의 개흙밭에 도착했다. 오직 한 가지 진흙 빛으로 평탄한 죽음 같은 평원이 펼쳐 있을 뿐, 인가의 바깥벽이나 평판의 지붕은 진흙을 발랐다. 나무 한 그루 제대로 없고 깃들일 만한 집 한 채 없었다. 아름다운 지푸와는 얼마나 판이한지. 그러나 우리는 이 거리의 풍광을 찾아온 것이 아니라 여기 살고 있는 사람들을 찾아왔으므로 그리 실망도 하지 않고 회향의 병에 사로잡히지도 않는다.(존 로스가 1873년에 남긴 기록)[9]

9　J. webster, "The Maker of the Manchurian Mission-An Appreciation of the late Rev"; 조선일보 1956년 8월 29일자 재인용; 이만열 외, 《대한성서공회사1. 조직·성장과 수난》, 대한성서공회, p.33 재인용

존 로스가 남긴 기록에 의하면 잉커우는 만주로 들어가는 관문이었지만 당시 옌타이(지푸)에 비하면 아주 작은 도시였고 항구도 작았던 것 같다. 바다에서 강을 따라 내륙으로 들어갈 때 아마도 진흙의 그 무채색이 존 로스의 마음을 삭막하게 한 모양이다. 10월의 스코틀랜드라면 아름다움으로 물들어 있어야 할 계절이지만, 10월의 잉커우는 가을을 지나 초겨울의 추위가 시작되고 있었다. 존 로스는 을씨년스런 당시의 풍광을 보고 나무도 없고 사람이 살 만한 집도 없다고 보았다.

하지만 존 로스는 시각적으로 드러나는 삭막함과 가난에 위축되지 않았다. 그는 하나님이 왜 자신을 이곳에 보내셨는지 정확히 알고 있었다. 풍광을 찾아온 것이 아니라, 사람을 찾아왔다는 그의 말에서 그가 하나님의 부르심을 받고 이곳에 왔음을 알 수 있다. 잉커우 지역의 선교 사역은 아직 시작 단계로 아일랜드 장로교회에서 파송 받아 온 조셉 몰리뉴 헌터(Josehp M. Hunter)가 혼자 사역하고 있었다. 헌터는 군의관 출신으로 나중에 매킨타이어의 부탁으로 죽어 가는 서상륜을 치료한 선교사다.

잉커우에 정착하자마자 존 로스와 그의 아내 스튜어트는 만주의 혹독한 추위를 겪어야 했다. 바다까지 얼어 버리는 영하 40℃의 기온은 한 번도 겪어 보지 못한 시련이었을 것이다. 스튜어트는 임신 중이었는데, 육체적으로 많은 고통을 감내해야 했을 것이다. 혹독한 겨울을 지나 1873년의 어느 날, 스튜어트는 아들 드러몬드를 남기고 세상

잉커우의 랴오닝강에 있는 구항구. 랴오닝강을 기준으로 요동과 요서로 나뉜다. ⓒLee

을 떠났다.[10] 토마스가 아내를 잃었듯 존 로스도 아내를 잃은 것이다.

하지만 존 로스도 토마스처럼 다시 일어섰다. 그리고 토마스처럼 아내를 묻은 그 땅을 하나님의 마음으로 더 품기로 결심했다.

아내 스튜어트의 죽음으로 아들 드러몬드를 돌봐 줄 사람이 필요했다. 결국 존 로스의 동생인 캐서린이 잉커우에 도착했다. 캐서린은 드러몬드를 돌봐 주며 오빠인 존 로스를 돕기 시작했다. 여동생의 헌신이 없었다면 존 로스는 빠르게 다시 사역에 몰입하기 쉽지 않았을 것이다.

언어적인 재능이 탁월했다고 알려진 존 로스는 얼마 지나지 않아 중국어 설교를 시작할 수 있게 되었다. 그리고 얼마 후 존 로스보다 일찍 중국에서 사역하던 매킨타이어 선교사가 잉커우로 사역지를 옮기면서 존 로스와 동역하게 되었다. 매킨타이어는 얼마 후 존 로스의 동생인 캐서린과 결혼하게 되었고, 둘은 이로써 매제지간이 되었

10   존 로스, 《중국선교방법론》, 최성일 옮김, 한신대학교출판부, p.20

(왼쪽) 존 로스(John Ross, 1842~1915)
(오른쪽) 로버트 J. 토마스(Robert Jermain Thomas, 1840~1866)

(사진 출처, http://www.seaboardhistory.com)

매킨타이어 선교사(왼쪽)와 존 로스의 동생인 캐서린 선교사(오른쪽)

(사진 출처, http://www.seaboardhistory.com)

다. 가족이 된 존 로스와 매킨타이어 선교사의 동역은 한국 선교 역사에서 보면 하나님께서 예비하신 운명적 만남일 수밖에 없다. 그 두 사람을 통하여 한글 번역 사업이라는 기적이 시작되었기 때문이다.

그런데 만주의 관문 잉커우에서 존 로스와 매킨타이어는 단지 중국 사람만 만난 건 아니었다. 잉커우는 조선인, 특히 의주 상인들이 무역을 위해 자주 들르던 곳이었던 것 같다. 매킨타이어 선교사의 기록에 의하면, 당시 잉커우에는 1년에 900명 가까운 조선인들이 오간다는 기록이 남아 있다. 이로 보아 조선의 의주 상인들은 압록강을 건너 고려문을 지나 잉커우까지 갔을 것이다.

당시 잉커우항은 옌타이나 상하이처럼 큰 무역 항구 도시는 아니지만, 서양 선교사들과 상인들, 그리고 그들과 무역을 하는 중국인들이 많았기 때문에 조선 상인들이 거기까지 갔던 것이다. 존 로스와 매킨타이어는 중국 만주 지역 선교사였지만, 아마도 그곳에서 조선에 대한 다양한 이야기를 접하고 있었을 것이고, 언젠가 하나님이 조선의 문을 여시는 그때를 대비해 성경을 번역하고자 했을 것이다. 만주의 시작점 잉커우를 떠나 중국 내지로 가다 보면 중국의 끝에 조선의 시작이 있고, 언젠가는 그곳으로 들어가게 될지도 모른다고 존 로스는 생각하지 않았을까? 그곳이 존 로스에게는 성경이 말하는 땅끝이었을 것이다. 언젠가 가게 될 땅끝, 반드시 가야만 하는 땅끝, 그때를 위해 존 로스는 하나님으로부터 보내심을 받은 선교사로서 준비해야 했다.

혹자는 존 로스가 만주에 오게 된 이유가 토마스 목사의 죽음을 듣고 중국이 아닌 조선을 꿈꿨다고 말하기도 한다. 중국이 아닌 조선을 향한 부르심과 마음 때문에 만주에 오게 된 것이라는 것이다. 다른 한편에선, 존 로스는 기본적으로 중국 선교사였으며 중국 사역 중에 조선의 사역도 감당한 것일 뿐이라며 확대 해석하지 말라고 말한다. 하지만 그가 조선을 품기 위해 중국에서 사역한 선교사든 중국 선교사로 사역하다가 조선을 품기 시작했든, 그게 무슨 의미가 있을까? 존 로스는 그저 하나님의 인도하심을 따른, 매일매일 그분의 뜻을 구하지 않고는 나아갈 수 없는, 하나님의 동역자였다.

존 로스와 토마스는 한 번도 만난 적이 없지만, 그 둘은 같은 아픔을 겪었고, 조선이라는 끈으로 연결되어 있다는 사실을 부정할 수 없다. 그 끈은 하나님께서 연결시켜 주신, 산 자와 죽은 자의 연결지점, 현재와 과거를 통해 이어지는 끈이다. 시간과 공간을 창조하신 분, 그래서 시간과 공간을 자유자재로 다루시는 분, 영원부터 영원까지 하나님이신 그분만이 과거와 현재를 통해 일하고 계신 것이다.

주여 주는 대대에 우리의 거처가 되셨나이다 산이 생기기 전, 땅과 세계도 주께서 조성하시기 전 곧 영원부터 영원까지 주는 하나님이시니이다 시 90:1-2

토마스라는 과거와 존 로스라는 현재를 이으며 당신의 일을 하신 그분은 동일하게 지금도 우리를 통해 일하신다. 과거의 존 로스와 현재의 우리를 연결시키시고, 과거와 현재를 통해 또 다른 미래를 향해 일하고 계신다. 그렇기에 지금의 우리는 너무나 소중하고 존귀한 존재일 수밖에 없다.

5

한글성경 번역의 태동, 잉커우

◇

한국인 최초의 세례자들은 동시에
한글성경의 최초 번역자들이기도 했다.
그들은 세례 받기로 결심했을 때
동시에 많은 고난을 감수해야 했을 것이다.
그 결심은 간절함과 절박함이 있었기에 가능한 것이었다.

◇

나는 존 로스와 매킨타이어 선교사가 본격적으로 사역을 시작한 잉커우로 향했다. 잉커우는 앞서 말했듯이 만주가 시작되는 곳이며, 존 로스를 비롯한 많은 선교사들이 만주 선교를 시작한 곳이다. 동시에 이곳은 의주 상인들이 세례를 받은 곳이다. 그리고 그들은 세례를 받은 후에 성경 공부를 하며 이곳 잉커우에서 처음으로 한글성경 번역을 시작했다.

많은 역사 기록에는 우장으로 표시되어 있는데 우장은 잉커우의 옛 지명이다. 선양(瀋陽)에서 고속철을 타고 잉커우역에 도착했다. 나는 잉커우에서 한글성경 번역자이면서 최초 개신교 세례자들이 세례를 받은 교회를 먼저 찾아보고 싶었다. 또한 그곳을 뿌리로 둔 조선족 교회, 그리고 선교사들이 활동하던 옛 항구 등을 살펴보고 싶었다.

잉커우는 기본적으로 바다를 끼고 있는 항구인데, 현재는 신항과 구항으로 나뉘어 있다. 그리고 우리에게 많이 알려진 요허(랴오허강)가 흐르는 곳이다. 랴오허강을 기준으로 요동과 요서로 나뉘는데, 우리 민족에게는 역사적으로 많은 사연이 있는 강이다. 지금은 옌타이나 상하이만큼 큰 항구는 아니지만 당시 잉커우는 서양인들이 많이 있던 무역의 요충지였다. 하지만 잉커우는 날씨가 추우면 바다와 이어진 강이 얼기 때문에 겨울엔 이용하기 힘든 항구였고, 점차 다른 항구보다 그 이용 빈도가 떨어진 것 같다.

나는 잉커우역에서 버스를 타고 시내로 이동한 뒤, 시내에서 다시 택시를 타고 '잉커우기독교회'로 향했다. 1879년 조선인 수세자들이 세례를 받은 교회는 우장장로교회인데 그곳은 140년 가까운 세월이 흐르는 동안 흔적도 없이 사라졌고 그 자리에 잉커우기독교회가 세워졌다. 잉커우기독교회는 중국 삼자교회로 중국 정부의 감시를 받는 교회다. 중국은 아직 기독교의 포교와 전도가 자유롭지 않다. 그래서 두 종류의 교회가 공존하고 있는데, 하나는 앞서 말한 삼자교회이고, 다른 하나는 지하교회다.

어쨌거나 나는 그곳에서나마 당시의 조선 사람들, 우리 믿음의 선배들이 세례를 받았던 그때를 묵상하고 싶었다. 그들이 그 먼 길을

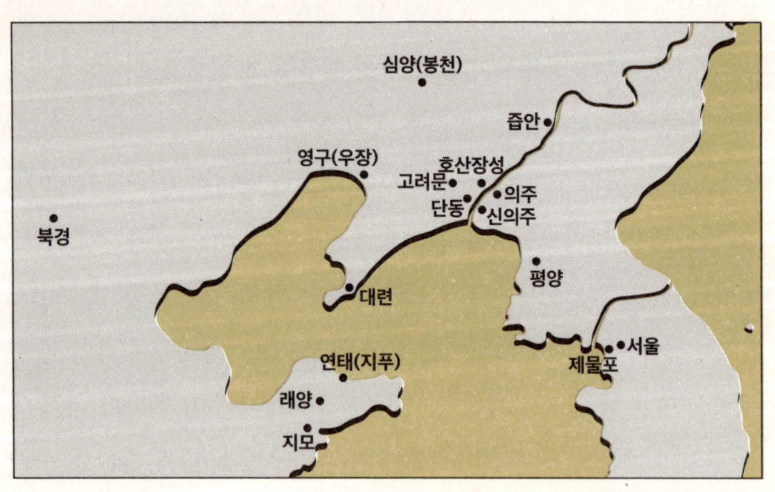

코리안 바이블 루트의 주요 지역이 표시된 지도. 영구(잉커우)는 대련(大連)과 심양(瀋陽) 중간 즈음에 있다.

가서 세례를 받고자 했던 그 마음, 그 절박함이 무엇이었는지 느끼고 싶었다. 그리고 그들이 한글성경을 번역하면서 어떤 감동을 받았을지 떠올려 보고 싶었다.

잉커우기독교회 ⓒLee

　　한국인 최초의 세례자들은 동시에 한글성경의 최초 번역자들이기도 하다. 그들은 세례 받기로 결심했을 때 극심한 고난을 각오했을 것이다. 심지어 죽음까지도. 그만큼 그들은 간절했고 절박했다. 오늘날은 성경이 흔하고, 성경을 읽고 듣는 것이 편리해졌지만, 성경의 의미와 세례의 의미를 잃어 가는 안타까운 시대다. 그런 시대를 살아가는 우리에게 한국인 최초의 세례자들이 성경과 세례에 대해 가졌던 마음, 그 간절함과 절박함은 많은 것을 생각하게 한다. 그 간절함과 절박함은 지금의 한국 교회와 우리에게 너무나 필요한 것이기에 그렇다.

　　내가 방문한 날은 월요일이었다. 주일이 아니었으므로 교회 문이 닫혀 있을 거라 생각했는데, 다행히 마침 그날 결혼식이 있었던 덕분에 교회 문이 열려 있었다. 중국의 젊은 사람들은 교회에서 서양식 결혼을 하는 것을 선호한다. 한국에서 보는 교회 결혼식과 크게 다르지 않은 풍경이다. 십자가가 걸린 단상 앞에서 누군가 주례사를 하고, 신랑과 신부는 그 앞에서 미래를 약속했다. 가족과 친지들이 그들의 결혼을 축하했다. 그리고 기념 촬영을 하는 것으로 결혼식은 마무리되었다. 왜 하나님은 우리가 방문한 날 결혼식을 보여 주신 걸까, 잠시 생각해 봤다.

그런즉 누구든지 그리스도 안에 있으면 새로운 피조물이라 이전 것은 지나갔으니 보라 새 것이 되었도다 고린도후서 5:17

새로운 인생을 시작하는 신혼부부의 모습을 보면서, 140여 년 전 새로운 인생을 시작했던 조선의 세례자들이 떠올랐다. 그들은 하나님을 앎으로 인해, 예수님을 사랑함으로 인해 이전과 전혀 다른 삶을 살아가게 되었다. 예수님의 신부로서 전혀 새로운 삶을 살게 된 것이다. 그들이 받은 세례는 그들이 선택했다기보다 하나님의 택하심이었다.

무릇 그리스도 예수와 합하여 세례를 받은 우리는 그의 죽으심과 합하여 세례를 받은 줄을 알지 못하느냐 그러므로 우리가 그의 죽으심과 합하여 세례를 받음으로 그와 함께 장사되었나니 이는 아버지의 영광으로 말미암아 그리스도를 죽은 자 가운데서 살리심과 같이 우리로 또한 새 생명 가운데서 행하게 하려 함이라 로마서 6:3-4

한글성경이 만들어지기까지 번역과 인쇄에 참여했던 조선인들,

이응찬, 김진기, 백홍준, 서상륜, 이성하, 김청송 등의 이름이 떠올랐다. 그리고 성경 번역에 참여했으나 이름이 알려지지 않은 수많은 조선인들이 떠올랐다. 당시에 기독교를 믿는다는 것은 기독교를 금지한 조선의 관점에서 볼 때 반역이었다. 그랬기에 이름을 기록하거나 남기기 힘들었을 것이다. 발각되면 언제든지 체포되어 고문을 당하거나 죽을 수도 있던 엄혹한 시대였기 때문이다. 존 로스나 매킨타이어도 그 사실을 잘 알고 있었을 것이다. 그래서 그들의 선교 기록에도 한글 성경 번역자들의 이름이 정확히 기록되어 있지 않다. 그러나 하나님은 분명히 기억하실 것이다. 그들 한 사람 한 사람 모두를. 그들은 거칠고 무거운 시대에서 살아남기 위해 몸부림치던 사람들이었다. 그 삶의 몸부림 속으로 예수님이 찾아가셨다. 말씀으로 찾아가셨고, 삶 전체를 걸고 중국까지 온 선교사들의 사랑을 통해 찾아가셨다.

결혼식이 끝나 가고 있었다. 사랑스런 눈빛을 교환하는 신혼부부를 바라보며 문득 그런 마음이 들었다. 이곳이 단지 결혼식을 올린 교회가 아니라, 그들 삶이 예수님으로 인해 변화된 기적의 장소가 되었으면 좋겠다고 말이다. 이날이 신랑 되신 예수님의 존귀한 신부로 태어난 날로 기억되었으면 좋겠다고 말이다.

밖으로 나오니, 교회 입구가 닫혀 있다. 30분만 늦었어도 교회 안으로 들어가기 힘들었을 것이다. 이름 모를 누군가의 결혼식을 통해 교회 문을 열어 주시고, 그들을 통해 세례자들의 새 삶을 떠올리게 해 주신 하나님께 감사했다.

나는 버스와 택시를 번갈아 타고 몇 군데를 더 찾아갔다. 선교사들이 활동하던 조계지와 오래된 항구와 또 이곳에서 그 명맥을 유지하고 있는 조선족 교회, 그리고 서양 선교사들이 활동하던 옛 항구다.

나는 택시를 타고 랴오허강변에 있는 랴오허 공원에 갔다. 공원 근처에는 1900년대 초반에 세워진 오래된 서양식 건물들이 아직도 많이 남아 있었다. 영국 대사관이 있던 곳도 있었는데, 아마도 존 로스와 매킨타이어를 비롯한 스코틀랜드 선교사들이 활동하던 주 무대였을 것이다.

본국으로 선교 편지를 보내는 우체국도 있었을 것이고, 선교회나 교회 혹은 후원자들이 보내는 선교비나 후원금을 찾을 수 있는 은행도 있었을 것이다. 이 일대는 선교사들이 선교에 대한 정보뿐만 아니라, 세계 각국의 다양한 소식을 접할 수 있는 곳이었을 것이다.

랴오허 공원이 있는 강변길과 서양식 건물들 사이를 걸으며 여러 생각에 잠겼다. 지금 걷고 있는 이 길을 그들도 걸었을 것이다. 시간을 거슬러 믿음의 선배들인 그들과 내가 같은 곳을 걷고 있다는 것이 감사했고 왠지 모르게 가슴이 벅찼다. 그러자니 그들의 체취와 흔적을 느낄 수 있을 것만 같았다.

랴오허강을 따라 내륙으로 들어가면 오래된 항구가 나온다. 신항이 생긴 이래 거의 사용하지 않는 항구 같았다. 하지만 잉커우의 신항구와 인근의 다롄항이 생기기 전까지는 선교사들이 배를 타고 들어왔던 많은 역할을 감당하던 곳이었다.

잉커우 조계지 지역 ©Lee

잉커우의 구항구(위)와 아직 남아 있는
철도(아래) ©Lee

신항과 다롄항에 역할을 빼앗긴 구항에는 지금은 사용하지 않는 철도의 흔적이 남아 있다. 그 오랜 흔적들을 보면서 하나님은 왜 시간을 만드셨을까 문득 궁금해졌다. 왜 과거와 현재와 미래를 만드셨을까? 우리에게 왜 시간이라는 공간을 살게 하신 것일까?

예수님을 알지 못했다면 나는 아직도 나의 욕심과 욕망을 채우느라 급급한 유한한 시간을 살았을 것이다. 하나님의 영원함을 알게 하시므로 무한의 시간을 살게 하신 하나님께 감사했다.

나는 다시 택시를 타고 잉커우에 남아 있는 조선족 교회를 방문

잉커우시 남광기독교회(조선족 교회)
©Lee

했다. 교회는 닫혀 있어서 들어갈 수는 없었지만, 우리 민족에 행하신 하나님의 역사가 새겨진 곳 같아서 보는 것만으로 감사했다.

140여 년 전, 택하신 사람들을 통해 한글성경을 번역하셨듯이, 저 교회 안에서 신앙을 지키는 조선족들을 통해 하나님은 분명 어떤 특별한 계획을 이뤄 가실 것이다. 그 계획이 무엇인지는 모르지만, 하나님은 언젠가 그들을 통해 중국과 북한을 변화시키고, 아시아를 변화시키고, 열방을 변화시키실 것이다. 믿음으로 하나님의 때에 이루어질 그 놀라운 기적들을 선포하며 나는 기뻐했다.

6
우리말로 말씀하시는
하나님

◇

"우리는 다만 대중에게 적합한 것을 목표로 할 뿐,
러시아에서의 불어처럼 한문을 문장에 적당한 유일한 언어로 생각하는
소수 식자층을 목표로 하지 않는다는 것은 말할 필요도 없다."
- 매킨타이어 선교사

◇

존 로스는 의주에서 온 조선 상인들과 접촉했다. 앞서 말했듯이 잉커우에서는 조선인들이 꽤 왕래했기 때문에 그들을 만나는 것은 어려운 일이 아니었을 것이다. 또한 중국과 조선의 국경 지역이던 고려문처럼 심한 감시도 없었을 것이다. 존 로스는 이응찬을 자신의 한글 선생으로 고용하고 한글과 한글의 문법 체계를 공부했다. 하나님께서 맡겨 주신 사명인 한글성경 번역 작업을 위한 밑작업을 시작한 것이다.

아마도 한글성경 번역 작업의 초기에는 주로 존 로스와 의주 상인들이 주도했을 것이다. 매킨타이어는 존 로스가 한글성경 번역에 집중하는 동안 다른 사역을 맡아 하다가 존 로스가 안식년을 갖기 위해 영국에 가 있는 동안에는 성경 번역 작업에 투입되었던 것 같다.

잉커우에서 존 로스는 이응찬과 함께 《코리안 프라이머》를 만들면서 한글이 우수한 문자라는 것을 알게 되었다. 한글은 부녀자와 어린 소년까지도 쉽게 읽을 수 있는 민중의 문자이며 간단하고 아름다운 소리 문자라고 존 로스는 생각했다. 당시 조선의 사대부들은 한글을 언문이라고 하여 낮게 생각했지만 존 로스는 한글이 더 쉽고 더 많은 사람들이 사용할 수 있는 탁월한 언어라고 판단했던 것 같다. 무엇보다 존 로스는 한글성경이 번역되어 닫힌 고려문 너머의 사람들이 언젠가는 하나님의 말씀인 성경을 읽게 될 그날을 바라봤다. 그것은 어쩌면 예언이며 선포이며 사명감이었다.

번역을 시작하면서 존 로스와 조선인들은 여러 선택 지점에 놓이게 되었을 것이다. 성경에 나오는 하나님을 어떻게 번역할지에 대한 고민이 대표적이다. 조선에 맞는 가장 적합한 용어를 찾기 위해 토론하는 과정이 필요했다. 이를 '용어 문제'라고 한다. 중국은 예수회의 마테오 리치(Matteo Ricci)가 유교의 도덕을 수용하고 제사를 허용하면서 유교 고전에 나오는 '상제'를 원시 유일신으로 보고 성경의 엘로힘(최고의 유일신)과 동일시하며 '천주'와 함께 사용했다. 그러나 성경의 전지전능하고 온 세상을 창조하신 그분을 '천주'로 할 것인지 '상제'로 할 것인지를 놓고 용어 논쟁을 계속하다가 보수적인 도미니크회와 프란치스코회의 영향으로 18세기 후반부터 '천주'를 사용하게 되었다. 그 영향으로 18세기 후반부터 시작된 한국 가톨릭교회는 하나님을 '천주'로 사용하게 되었고 천주교가 되었다.[1]

당시의 성경 번역 작업은 단순히 한문으로 된 성경을 한글로 옮기는 것이 아니었다. 최초로 시도하는 만큼 고려해야 할 것도, 정해야 할 것도, 공부해야 할 것도 많았다. 우리가 지금 쓰는 하나님을 두고도 많은 고민을 거듭해야 했다. 민간에서 사용하는 신의 개념인 '하느님'으로 할지, 그냥 '신'으로 할지, '천주'로 할지, '상제'로 할지, 혹은 새로운 단어를 만들어야 할지를 정해야 했다. 상제나 천주로 할 경우

---

1 옥성득, 《다시 쓰는 초대 한국교회사》, 새물결플러스, p.452

의미 전달은 잘되지만 조선 사람들에게는 오해를 불러일으킬 수 있었다. 조선 사람들이 오래전부터 사용해 온 '하늘의 님'이라는 의미의 하느님을 사용하면 조선 사람들에게 더 친숙하게 다가갈 수 있기 때문에 토착화의 의미에서는 좋은 선택이 될 수 있지만, 자칫 그 친숙한 이름으로 인해 개신교의 전지전능하신 유일신의 의미를 토속적 신으로 왜곡해서 받아들일 여지도 있었다. 그것은 대단히 민감하고 반드시 통과해야 하는 중요한 이슈였다.

존 로스는 한 도교 사원의 주지와 요한복음 1장에 대해 대화하면서 그가 중국 한문성경인 요한복음의 상제와 도교의 조화옹인 상제(옥황상제)를 동일한 창조주로 보고 있음을 알게 되었다. 존 로스는 분명 그것은 잘못되었다고 생각했을 것이다. 요한복음의 상제와 도교의 옥황상제를 착각하게 되면, 개신교의 본질이 왜곡될 것임에 분명했다. 아마도 그런 관점에서 존 로스는 상제를 포기했을 것이다. 한편으로 천주라는 이름은 18세기 후반에 이미 들어와 있던 가톨릭에서 쓰던 이름이었기에, 개신교 선교사였던 존 로스 입장에서는 당시 비판적인 시각으로 봤던 가톨릭과의 차별성을 갖기 위해서라도 그 이름을 사용할 수 없었을 것이다.

이렇게 해서 존 로스와 조선인 성경 번역자들이 선택한 이름은 하늘의 님이라는 의미의 '하느님'이다. 1882년 누가복음과 요한복음에는 하느님으로 번역되었지만, 1882년에 출간된《Korean Language

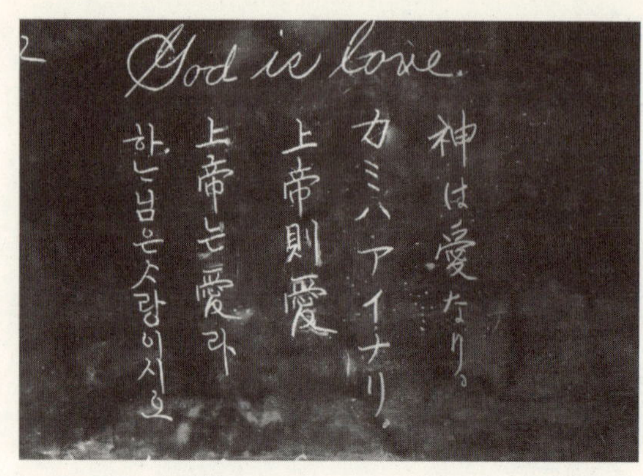

and grammar》(조선 언어와 문법)에서는 하느님으로 번역하기 시작했다.[2]

한편 후의 일이지만, 언더우드는 하느님은 다신교인 무교의 최고 신이므로 배격하고 천주를 선호했다. 그는 가톨릭, 성공회, 개신교가 모두 함께 천주를 쓰면 교회 연합에 유리하다고 보았다. 하지만 다른 선교사들이 점차 하느님으로 의견 일치를 보면서 언더우드 역시 결국 이를 수용하게 됐고 한국 개신교 안에서는 하느님으로 통일되어 더 이상 이를 두고 논란이 일어나지 않았다.[3]

존 로스와 조선인 성경 번역자들이 합의한 하느님은 당시의 상황을 고려할 때 어쩌면 당연한 선택인 것 같다. 존 로스는 기독교가 빠르게 조선 사람들에게 스며들어 토착화되길 바랐다. 조선인 성경 번역자들도 고향의 의주 사람들에게 번역된 성경을 전해 주고 싶었다.

---

2   옥성득, 《다시 쓰는 초대 한국교회사》, 새물결플러스, p.452

3   같은 책, p.456

그런 만큼 어려운 한자가 아닌 쉽고 빠르게 배우고 익힐 수 있는 한글인 하ᄂᆞ님을 선택한 것은 탁월한 선택이었다. 해방 후 하ᄂᆞ님은 철자법 개정으로 아래아를 없애면서 '하나님'으로 표기되었다.

하지만 여전히 문제는 남아 있다. 우리는 가끔 막연한 공포와 두려움 속에 휩싸일 때, 우리가 결코 해결할 수 없을 것 같은 어떤 문제에 부닥쳤을 때 하늘을 바라본다. 하늘에 하나님이 있다고 생각하기 때문일 수도 있다. 하지만 하나님은 하늘에 계신 분이 아니다. 하나님은 우리 마음속에, 그리고 이 세상 어느 곳에나 계신다. 그분은 전지전능하시고 이 세상 모두를 창조하신 분이다. 또한 하나님은 내가 마주한 그 사람 안에도 계신다. 하나님은 그 사람 역시 자신의 형상대로 창조하셨기 때문이다. 이렇듯 어떤 단어를 선택하고 그 단어를 성경 번역에 사용할 때는 인도하심이 필요한 것 같다.

존 로스가 안식년 동안 영국에 갔을 때, 존 로스의 한글성경 번역 사역은 그의 매제인 매킨타이어가 맡게 되었다. 사실 매킨타이어는 존 로스만큼 성경 번역에 책임을 느끼지 않았다. 하지만 존 로스의 부재로 매킨타이어는 더 많은 일을 감당해야 했고, 그 일들로 인해 업무 과중을 느꼈을 것이다. 하지만 조선 사람들에게 한글을 배우고 번역을 주도하면서 매킨타이어는 한글성경 번역이 얼마나 중요한 일인지 깊이 이해했다. 그는 한글성경 번역 작업에 몰입한 나머지 안질로 2주간 눈에 붕대를 했으면서도 하루 8시간씩 조선말을 배웠다.

매킨타이어 선교사

(사진 출처, http://blog.daum.net/
biocode/5387)

그 어떤 것, 심지어 내가 눈이 먼 것도 한글성경 사업에서 나를 떼어 놓게 만들지 못할 것이다. 이제 나의 모든 영혼은 그 안에 있다. 그 일을 하면 할수록 점점 더 그 사역은 내 기독교인 양심에 호소했다. 처음 일을 시작했을 때 나는 단지 로스의 일과 조선 사람들에게 널리 알려진 그의 명성을, 그가 없는 동안 바람 속에 날려 버린다면 불행이라고만 강하게 느꼈다. 우리는 문체를 너무 높게 혹은 너무 낮게 설정할 가능성이 있다. 다행히 우장에 있는 나에게는 1년에 평균 100명의 한국인이 방문하고, 그중에 몇 명은 여러 날 동안 우리와 함께 지내므로 우리의 사업을 시험해 볼 많은 기회를 갖고 있다. 무식한 자가 번역 내용을 잘못 이해할 때마다 그것이 만일 우리의 잘못일 경우에는 곧바로 수정한다. 우리는 다만 대중에게 적합한 것을 목표로 할 뿐, 러시아에서의 불어처럼 한문을 문장에 적당한 유일한 언어로서 생각하는 소수 식자층을 목표로 하지 않는다는 것은 말할 필요도 없다.[4]

매킨타이어의 기록에서 알 수 있듯이 한글성경 번역 사업의 목표는 명확했다. 소수 지식인이 아니라 무식한 사람들도 이해할 만한 대다수 조선 사람들에게 적합한 성경을 만드는 것이었다. 여기서 첫 번째 하나님의 계획이 드러난다. 하나님은 무식한 사람들도 이해할 만

4　The Corean Version. Jun.1881, pp.665~667; 이만열 외, 《대한성서공회사1. 조직·성장과 수난》, 대한성서공회, p.53 재인용

큼 대다수 조선 사람들에게 적합한 성경을 만들 계획을 갖고 계셨다.
그것이 그분의 첫 번째 계획이며 목적이었다.

형제들아 너희를 부르심을 보라 육체를 따라 지혜로운 자가 많지 아니하며 능한 자가 많지 아니하며 문벌 좋은 자가 많지 아니하도다 그러나 하나님께서 세상의 미련한 것들을 택하사 지혜 있는 자들을 부끄럽게 하려 하시고 세상의 약한 것들을 택하사 강한 것들을 부끄럽게 하려 하시며 하나님께서 세상의 천한 것들과 멸시 받는 것들과 없는 것들을 택하사 있는 것들을 폐하려 하시나니 이는 아무 육체도 하나님 앞에서 자랑하지 못하게 하려 하심이라 너희는 하나님으로부터 나서 그리스도 예수 안에 있고 예수는 하나님으로부터 나와서 우리에게 지혜와 의로움과 거룩함과 구원함이 되셨으니 기록된 바 자랑하는 자는 주 안에서 자랑하라 함과 같게 하려 함이라 고린도전서 1:26-31

모든 것이 협력하여 선을 이루듯이 당시 한글성경 번역을 위한 최상의 조합이 만들어졌다. 의주 상인들은 성경 번역을 위해 준비된 사람들이었다. 그들은 한문과 중국어를 알았고 한글도 알았다. 그리고 그들은 조선 팔도와 중국 땅을 누비고 다니며 개방적이고 진취적이며 유연한 사고를 가진 사람들이었다. 한편, 매킨타이어는 잉커우에 머무는 30~40명의 조선 사람들에게서 2500단어를 수집해 어휘집으로 만들었으며, 조선 정부가 발행한 중국 고전의 언해본을 구입해 둔 상태였다.[5] 그 과정에서 한국인 신앙 공동체가 생겨났다. 도대체 어떻게 신앙 공동체가 생겨난 것일까?

처음부터 신앙 공동체가 생겨난 것은 아니었다. 잉커우에 모인 사람들 중에는 존 로스와 매킨타이어가 한글성경 번역을 위해 돈을 주고 고용한 사람도 있었다. 이응찬이 대표적인 인물이다. 그는 매달 일정한 월급을 받고 고용된 조선말 선생님이었고, 한글 선생님이었으며, 한글성경 번역자였다. 존 로스와 매킨타이어는 이렇듯 몇 명의 조선인 번역자들을 고용하고 있었다. 백홍준과 그의 친구들처럼 복음을 찾아왔다가 성경 번역에 참여하게 된 사람도 있었다. 어떤 사람은 잉커우에 장사하러 왔다가 성경 번역자 중에 친구이거나 동향 사람이 있어서 만남을 갖다가 번역에 참여하게 되었다. 이렇듯 저마다 다른 목적을 갖고 모인 사람들이 어떻게 신앙 공동체를 만든 걸까? 무엇이 그들을 공동체로 만든 걸까? 그것은 결국 성경, 즉 말씀이었다.

나는 최근에 조선인들을 위한 저녁 집회를 조직했다. 그 모임은 우리 번역인들 가운데 한 사람이 주관하는데, 자기네들 방에서 모이며 최대한 8명까지 모이고 있다. 나도 늘 참석하지만 듣기만 한다. 나는 한국어를 단지 번역 수단으로만 이용해서 문자로만 알기 때문에 번역인들과 대화할 때는 중국어를 썼다. 그러나 지금은 비록 이런 처지에 머물러 있지만 시간과 노력이 얼마나

---

5   이만열 외, 《대한성서공회사1. 조직·성장과 수난》, 대한성서공회, p.51

들던지 마침내는 한국어로 가르치고 설교할 수 있도록 헌신할 작정이다. 지난 10월까지 12개월간 가르침을 받은 한국인은 30명이 넘는다.(매킨타이어, 1880년 10월)[6]

많은 조선 사람들이 성경을 번역하는 과정에서 말씀을 읽고, 또는 직간접적으로 복음을 듣고 변화되고 있었다. 1879년부터 1880년까지 30여 명이, 그다음 해에는 100여 명이 잉커우의 매킨타이어를 찾았고, 매킨타이어와 이응찬 등의 조선인 번역자들이 인도하는 성경 공부반에 참석하여 길게는 일주일까지 머물다 가곤 했다. 아직 성경 번역이 완성되지 않은 때라 초역된 일부 한글성경과 한문성경, 한문 소책자가 이용되었을 것이다. 이 성경 공부반에 참여한 130여 명을 통해 더 많은 사람들이 성경을 읽고 싶어 했던 것 같다. 한글성경 번역은 결과물을 위해서만 달려가는 것이 아니라, 번역 과정에서 이미 하나님의 역사가 이루어지고 있었다.

한 가지 우리가 기억해야 하는 사실은, 어떤 한 민족의 언어로 성경을 번역한다는 것은 단순히 문자를 전환하는 것이 아니라 그 민족의 문화를 이해하는 바탕에서 가능하다는 것이다. 또한 그것은 선교사와 그 민족의 원주민이 성경을 번역하는 과정에서 하나님 안에서 관계를 맺게 되었음을 의미한다. 존 로스와 매킨타이어는 단지 조선인들을 고용해서 그들에게 성경 번역을 시킨 것이 아니다. 그들은 조

---

6   J.Macintyre, "North China-Newchwang", UPMR, JUL.1.1881, p.270; 이만열 외, 《대한성서공회사 1. 조직·성장과 수난》, 대한성서공회, p.45 재인용

선인 성경 번역자들과의 관계를 중시했을 뿐 아니라 그들을 위해 기도하며 하나님의 사랑을 흘러보내려 노력했을 것이다. 그런 사랑의 관계 안에서 신앙 공동체가 자연스럽게 형성되었을 것이다. 앞서 말했듯이 매킨타이어는 서상륜을 아무런 조건 없이 치료해 주고 도와주었다. 그것은 어떤 목적을 갖고 한 일이 아니었다. 하나님을 전하는 선교사로서 아픈 사람을 치료해 주고 그에게 하나님의 사랑을 전하는 것을 당연하게 여겼기에 한 일이었다.

우리는 한국에 수세자 두 명(백홍준, 이성하), 잉커우에 수세자 두 명(김진기, 이응찬)을 가지고 있다. 얼마 전 심각한 박해의 위협들이 있었다. 나는 조선으로 책들을 발송하는 것을 피해 왔는데, 기독교 신앙을 고백할 경우 사형에 처해지고, 또 그런 책들은 국경 세관에서 압수될 것이 분명했기 때문이다. 한번은 내 생각에 아주 믿음직한 사람들이 스스로 운반책을 맡겠다고 간청해서 작년에 세례를 받은 백홍준을 위해 한 꾸러미의 기독교 서적과 과학 서적들을 주었다. 불행히도 그 짐은 압수되었고, 모든 편지가 발각되어 우리 어학교사 두 사람의 이름과 주소가 알려지고 말았다. 그 결과 한국에 거주하고 있던 백홍준은 곧바로 투옥되었고, 우리의 어학교사 친구들로부터 급히 귀국하라는 협박 편지들이 날아왔다.(한글성경이 아직 완성되기 전에 매킨타이어가 쓴 글)[7]

7   J. MacIntyre, "Newchawang", UPMR, Jul.1.1881, p.271; 이만열 외, 《대한성서공회사1. 조직·성장과 수난》, 대한성서공회, p.90 재인용

하지만 이 사건은 번역팀에게 중대한 전환점을 가져다주었다. 매킨타이어의 또 다른 기록에 그 전환점이 명확히 나타나 있다.

우리의 어학교사들은 결과를 두려워하지 않고 용감히 맞서기로 결심하고 잉커우에 남아 있었다. 다른 수세자(백홍준)는 2~3개월간 투옥된 후 석방되었고 얼마 후 우리를 다시 방문했다. 이제 아무도 양인을 따르기 때문에 생명을 잃지는 않는다는 것이 분명해졌다. 그러나 관아 위로 떠돌아다니는 탐욕스런 괴물들은 재판을 원하지 않는 자들로부터 보석금을 받아먹고 있다. 내가 확신하기로는 우리의 개종자(백홍준)는 가진 전 재산을 잃었다.(한글성경이 아직 완성되기 전에 매킨타이어가 쓴 글)[8]

성경을 조선으로 반입하려던 시도가 실패하면서 그 결과로 백홍준이 투옥되었지만 그는 죽지 않았고 석방되었다. 그가 죽지 않았다는 사실을 통해 당시 성경 번역자들은 하나님의 보호하심을 경험할 수 있었다.

매킨타이어의 기록처럼, 백홍준은 풀려났지만 가지고 있던 전 재산을 잃었다. 그러나 그는 다시 매킨타이어를 찾았다. 왜 그랬을까? 왜 하나님을 원망하며 떠나지 않았던 걸까? 왜 다시는 이런 일에는 관여도 하지 않을 것이며 이런 일을 하는 양인들도 만나지 않겠다고 하지 않은 걸까?

---

8 같은 책

그러나 나는 그가 비록 더 가난해졌지만, 그럼에도 불구하고 변함없는 것을 기쁘게 말할 수 있다. 그는 나를 위해 자신의 경험과 느낌을 상세하게 표현한 간증문을 써 주었다. 나는 그가 자신을 위해 돌아가신 주를 위해서 핍박받는 것을 즐거워하는 자라고 간주한다.(매킨타이어, 1881년 1월)[9]

백홍준은 투옥되고 전 재산을 잃은 그 상황을 핍박이라고 생각했다. 그는 예수 그리스도를 구주로 믿는 그 믿음 때문에 벌어진 핍박이라고 여겼기에 고통스러워하지 않았다.

사실 백홍준은 세례를 받고 한글성경 번역에 참여했지만 그 기쁜 소식을 빨리 고향에 알리고 싶어 의주로 갔다. 아직 한글성경이 완성되기 전이었으므로 한문성경을 가지고 의주로 가 복음을 전했다. 한문성경을 밀반입한 혐의로 그는 고초를 겪었으나 복음을 전하는 일, 그것이 사명이었기에 죽음도 두렵지 않았다. 자신을 위해 한평생을 산 사람들은 수명이 다하면 죽지만, 사명자들은 그 사명이 끝나면 천국에 간다. 그랬기에 백홍준은 육신의 죽음을 두려워하지 않았다.

존 로스가 안식년에서 돌아온 후 사역지는 더 내륙으로 깊이 들어갔다. 만주 깊은 곳으로 사역지를 이동시킨 것이다. 자연스럽게 한글성경 번역 사업도 선양으로 옮겨졌다. 존 로스 주도하에 이뤄진 성경 번역은 보다 체계화되었을 뿐 아니라 스코틀랜드 성서공회에 이어 영국 성서공회로부터 성경 번역과 인쇄에 대한 비용을 후원 받게 되

9 같은 책

선양 동관교회 안의 문광서원ⒸLee

어 더 활기를 띨 수 있었다.

　존 로스는 선양에 동관교회를 세우고 그곳에다 성경과 여러 소채자를 인쇄할 수 있는 시설을 구비했다. 당장은 중국인을 위한 한문성경을 인쇄했으나 한글성경 번역 작업이 끝나면 한글성경을 인쇄하게 될 터였다.

　한글성경 번역 작업을 간단히 설명하면 다음과 같았다.

1. 전직 조선 관리였던 제1번역인 학자가 한문성경을 한글로 1차 번역한다.

2. 존 로스와 이응찬이 그리스어 성경을 참고로 한글로 2차 번역한다.

3. 제1번역자가 한글로 2차 번역된 원고를 다시 한문으로 번역한다.

4. 다시 한문으로 번역된 성경과 원래의 한문성경을 비교하여 검정한다.

5. 검정을 토대로 존 로스와 이응찬이 한글로 3차 번역한다.

6. 존 로스가 그리스어 성경과 그리스어 성구사전, 마이어(F.B. Meyer) 박사의 주석을 토대로 어휘를 통일하여 수정한다.

7. 식자공 김청송이 이 원고를 바탕으로 자음과 모음을 조합하여 식자를 배열한다.

8. 중국인 인쇄공들이 이 식자를 바탕으로 인쇄한다.[10]

선양 문광서원, 지금은 동관교회의 청년부 찬양 연습실로 쓰이고 있는 이곳에 상하이로부터 들여온 인쇄기가 설치됐다. 한글 활자는 일본의 요코하마에서 만들었는데, 영국 성서공회가 댄 돈으로 요코하마로부터 잉커우를 통해 선양까지 가져왔다. 인쇄 과정에는 다국적의 많은 사람들이 참여했다. 존 로스와 매킨타이어는 스코틀랜드 사람이었다. 한글 활자는 스코틀랜드 성서공회의 일본 주재 총무인 릴리가 주도했다. 아마도 일본 내 이름 모를 많은 조선인과 일본인이 이 일에 참여했을 것이다. 활자를 배치하고 원고대로 조합하는 일은 고구려의 옛 성이 있는 즙안현에서 온 김청송이 맡았다. 인쇄에 필요한 잉크

---

10   이만열 외, 《대한성서공회사1. 조직·성장과 수난》, 대한성서공회, p.55

청년들의 찬양 연습실이 된 동관교회
문광서원 ©Lee

를 만들고 인쇄기를 조작 관리한 사람은 중국인이었다. 한국과 중국, 일본, 영국과 스코틀랜드가 합작한 글로벌 한글성경 인쇄 프로젝트였다. 지금은 찬양 연습실이 된 문광서원, 과연 중국인 청년들은 140여 년 전 이곳에서 한글로 인쇄된 성경이 처음 나왔다는 사실을 알고 있을까?

하나님은 그렇게 모든 것이 협력하여 선을 이루게 하시는 분이다. 어떤 한 사람만을 통해서 일하시는 경우도 있지만, 하나님은 여러 사람이 함께 일하고, 함께 돕고, 함께 나누길 원하신다. 그 이유는 그 안에서 하나님의 사랑이 생기기 때문이다.

본격적인 인쇄를 하기에 앞서 존 로스는 시험 인쇄로 '예수성교문답'과 '예수성교요령'을 인쇄했다. 1881년 10월이었다.

문   천지 만물이 어떻게 있느뇨?

답   하느님이 지어 낸 것이라

문   하느님이 뉘뇨?

답   영하고 얼굴 없어 보지 못하니, 처음과 마지막이 없고, 능치 않음이 없

　　으니, 하느님의 총명은 측량 없어 알지 못하리라

문   하느님이 어느 곳에 있느뇨?

답   천하 각처에 없는 곳이 없느니라

문   하느님이 무엇을 아느뇨?

답   사람의 심사와 행사와 숨겨 하는 일과 밝혀 하는 일을 다 아느니라

문   하느님이 우리로 더불어 무슨 상관이 있느뇨?

답   우리를 양육하여 늘 우리를 돌아보니 응당 공경하고 절하리라

문   우리 마땅히 다른 신에게 절하랴?

답   다른 것은 귀신이니 우리와 간섭이 없어 가히 절할 것이 없느니라

문   어떻게 하느님을 아느뇨?

답   하느님이 주신 성서를 보고 아느니라

문   이 성서가 무엇이뇨?

답   옛적 언약한 것과 새로이 언약한 책이니라

문   옛 언약한 책이 무엇이뇨?

답   옛 언약은 예수 전에 주신 것이라

문   새 언약은 무엇이뇨?

답   새 언약은 예수 후에 주신 것이라

문 옛 언약 책에 무엇을 기록하였느뇨?

답 이 세계와 만물과 사람이 죄를 범한 것과 홍수와 또 도를 기록하니라

문 세계와 만물을 몇 날에 지었느뇨?

답 엿새에 지으니라

문 만물을 어떻게 지었느뇨?

답 하느님이 말 한마디만 하면 되니라

문 사람은 어떻게 지었느뇨?

답 하느님이 한 덩이 흙으로 만드니라

문 사람과 짐승이 무슨 분간이 있느뇨?

답 아무 짐승이던지 영혼은 없고 몸만 있어도, 오직 사람은 영혼이 있느니라

문 사람의 처음 성정이 어떠하뇨?

답 처음은 선하니라

문 그 성정이 장구하였느뇨?

답 장구치 못하니라

문 어드래 그러뇨?

답 하느님의 분부를 어그러트림이라

문 무슨 분부를 어그러트렸느뇨?

답 하느님이 즐거운 동산을 예비하여 동산 안 각 실과를 사람으로 하여금
   지키며 그 실과를 다 먹게 하되 그중에 한 개는 먹지 말라 하니라(예수성
   교문답)[11]

11 옥성득, 《첫 사건으로 본 초대 한국교회사》, 짓다, p.53

신약전서가 이십칠 편인데, 네 편은 예수의 내력이요, 한 편은 예수 친 제자가 만국 만민에게 전한 일이요, 십일 편은 믿는 사람에게 가르쳐 전한 말이요, 일 편은 장래사를 미리 말한 것이니, 이 책에 문리가 모두 한 가지이니 도무지 예수의 일이라. 이십칠 편 중 네 편은 명 왈 복음이니, 다 네 제자가 지은 것이요, 이름을 논할진대 하나는 마태요, 하나는 마코요, 하나는 노가요, 하나는 요한이니, 저들 말한 것이 모두 한 글 같으니라.

예수 처녀 마리아의 몸으로부터 나 점점 자라매, 삼십 세에 이르니 성신의 감동함을 입어 죄 사하는 권세 있으며 귀한 일을 행하며 도를 전하니, 듣는 사람들이 알지 못하고 모두 미워하며 망령되이 관에 고하다가, 필경 관에게 죽었더니, 삼 일 후에 다시 살아나 사십 일을 제자들과 함께 내왕하다가 그 후에 하늘로 올라가시니, 이는 다 복음에 있느니라.(예수성교요령)[12]

1882년 3월, 여러 번의 시험 인쇄 과정을 거쳐 드디어 최초의 한글성경《예수성교 누가복음젼셔》가 세상에 나왔다. 당시 성경이 인쇄되던 문광서원의 풍경을 동료였던 웹스터는 이렇게 묘사했다.

존 로스는 손에 그리스어 성경을 들고 책상에 앉아 있으며, 개역 영어성경과 한문 역본들이 그 옆에 놓여 있다. 한국인 번역자들이 붓을 들고 바쁘게 작업 중이며, 다른 1명의 한국인은 옆방에서 활자를 식자하고, 2명의 중국인은

---

12 같은 책, p.55

인쇄기를 작동시키고 있다.[13]

처음으로 인쇄된 《예수셩교 누가복음젼셔》는 매킨타이어의 의견대로 의주 방언으로 번역되어 3000부가 인쇄됐다. 이 성경은 의주와 평안도에 뿌려져 앞으로 놀라운 기적의 역사를 써 내려갈 준비가 되어 있었다. 2개월 후에는 《예수셩교 요한복음젼셔》가 세상에 나왔다. 3000부 중에 2000부는 의주 방언으로, 1000부는 서울말로 번역됐다.

번역된 한글성경이 나오기 전부터 백홍준, 이성하, 서상륜 등은 이미 의주 등지에 한문성경을 토대로 복음을 전하고 있었다. 다른 시각에서 보면, 그들은 이제 나오게 될 한글성경이 깊이 뿌리내리기 좋은 밭을 일구고 있었던 것이다.

13   J. Webster, "The Maker of the Manchurian Mission - An Appreciation of the late Rev.John Ross,D.D"; 이만열 외, 《대한성서공회사1. 조직·성장과 수난》, 대한성서공회, p.67 재인용

7

또 다른 버전의
한글성경

◇

여러분의 나라는 기독교 국가로서 우리에게 잘 알려져 있습니다.
그러나 여러분이 우리에게 복음을 보내 주지 않으면,
나는 다른 나라가 그들의 교사들을 신속히 파송하리라 생각하며,
또한 그 가르침들이 주님의 뜻과 일치하지 않을까 하여 걱정하는 것입니다.
비록 나는 영향력이 없는 사람이지만
여러분이 파송하는 선교사들을 돕는 데 최선을 다하겠습니다.
– 성경 번역자 이수정의 호소문

◇

또 다른 곳 일본. 이곳에서도 한글성경이 다른 방법과 다른 루트로 번역되기 시작했다. 만주에서 한글성경이 번역되던 때보다는 늦지만 거의 비슷한 시기에 번역이 이루어졌다. 나는 그 이유가 몹시 궁금했다. 하나님은 왜 만주와 일본 두 곳에서 거의 동시에 비슷한 일을 진행하셨을까? 사람의 관점에서 보면 사실 크게 의아해 할 일은 아니다. 비슷한 시기에 한글성경 번역을 우연히 할 수도 있지, 라고 생각할 수 있다. 하지만 하나님의 관점에서 보면 우연이란 있을 수 없다. 나는 거기에 분명 하나님의 큰 비밀이 숨겨져 있다고 생각했다.

> 영원부터 만물을 창조하신 하나님 속에 감추어졌던 비밀의 경륜이 어떠한 것을 드러내게 하려 하심이라 이는 이제 교회로 말미암아 하늘에 있는 통치자들과 권세들에게 하나님의 각종 지혜를 알게 하려 하심이니 곧 영원부터 우리 주 그리스도 예수 안에서 예정하신 뜻대로 하신 것이라 에베소서 3:9-11

1882년은 한국 기독교 역사에서 중요한 시기였다. 최초의 한글성경과 두 번째 한글성경이 중국 만주의 선양 문광서원에서 인쇄된 지 채 한 달이 되지 않았을 때, 조선에서는 임오군란이 일어났다. 구식군대 군인들이 월급을 받지 못하자 일으킨 폭동에서 시작되었으나, 결국 집권 세력인 중전 민씨(후에 명성황후로 불리게 됨)와 정권 밖으로 밀려나 있던 홍선대원군의 대립으로 번졌다. 분노한 군인들은 중전 민씨를 죽이기 위해 궁궐까지 쳐들어갔고, 일본 공사관을 불태우고 13명의 일인을 살해했다.

임오군란으로 인해 홍선대원군은 청나라 군대에 의해 텐진으로 끌려갔고, 조선과 일본은 제물포 조약을 체결하게 되었다. 일본은 이 조약을 구실로 일본군 1대대 병력을 한성에 주둔시켰고, 조선은 조약의 제6항(조선국은 일본에 대관(大官)을 특파하고 국서를 보내어 일본국에 사죄할 것)에 따라 일본에 사과하기 위해 박영효를 수신사로 일본 도쿄에 보냈다. 1882년 9월, 그 수신사의 비공식 수행원 중에 이수정이라는 사람이 있었다.

이수정은 임오군란 당시 중전 민씨가 피신하도록 도움을 준 공으로 수신사를 따라 일본에 가는 특혜를 얻게 되었다. 선진 문물에 대한 관심이 지대했던 이수정은 비교적 행동이 자유로운 비공식 수행원이라는 점을 이용해 여기저기 다녔다. 이때 이수정은 몇 년 전 조사시찰단으로 일본에 다녀온 친구 안종수로부터 소개 받은 일본의 농학자 츠다센을 만났다. 농학에 관심이 있기도 했지만, 그에게 들은 기독교 이야기는 그의 마음을 사로잡았다. 더욱이 그의 시선을 잡아끈 것은 츠다센의 집에 걸린 액자 안의 글 산상수훈이었다.

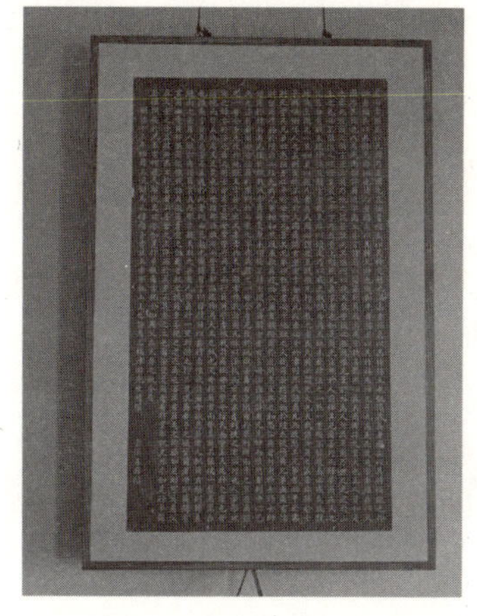

교토 도시샤대학의 설립자이자 초기 일본 기독교인이던 니지마조 사택 거실에는 츠다센의 집에 걸려 있던 산상수훈 족자가 있다. 이수정이 츠다센의 집에서 본 산상수훈 족자라고 추측된다. 이 족자가 어떻게 교토의 니지마조 사택에 있게 되었는지는 정확히 알려지지 않았지만, 아마도 츠다센이 니지마조에게 선물했을 것으로 추측한다. (한국기독교역사연구소, 《믿음의 흔적을 찾아》에서 발췌) ⓒLee

심령이 가난한 자는 복이 있나니 천국이 그들의 것임이요

애통하는 자는 복이 있나니 그들이 위로를 받을 것임이요

온유한 자는 복이 있나니 그들이 땅을 기업으로 받을 것임이요

의에 주리고 목마른 자는 복이 있나니 그들이 배부를 것임이요

긍휼히 여기는 자는 복이 있나니 그들이 긍휼히 여김을 받을 것임이요

마음이 청결한 자는 복이 있나니 그들이 하나님을 볼 것임이요

화평하게 하는 자는 복이 있나니 그들이 하나님의 아들이라 일컬음을 받을 것임이요

의를 위하여 박해를 받은 자는 복이 있나니 천국이 그들의 것임이라 마태복음 5:3-10

안종수나 이수정에게 산상수훈은 가치관의 전환을 가져다 준 중대한 글귀였을 것이다. 열심히 공부하여 경쟁에서 이겨 과거에 급제하고 관직에 올라 출세하고 입신양명하는 것이 충이요 효라고 알던 조선의 양반들은 '가난하고 애통하고 온유하고 의에 굶주리고 긍휼을 베풀고 정결하고 화평케 하고 의를 위해 핍박을 받는 자가 복되다'는 가치 전복적인 윤리관에 도전을 받았을 것이다. 원수까지 사랑하라는 가르침에는 혼란스러웠을 것이다. 가족의 원수, 가문의 원수, 나라의 원수를 갚는 것이 진정한 충효라고 배웠으니 당연했다. 하지만 풍전등화에 빠진 나라와 가문과 가족과 자신의 불투명한 운명을 위해서라도 유교적 가치는 더 이상 숭배의 대상이 될 수 없었다. 더없이 충격적인 산상수훈을 보고 그들은 아마 이것이야말로 그들이 오랫동안 찾아 헤매던 진리라고 생각했을지도 모른다.[1]

당시의 시대상은 지금과 너무 많이 닮았다. 오늘날 사람들은 거의 예외 없이 사회적 성공과 경제적 성공을 꿈꾼다. 남이 아닌 내가 출세하고 성공하길 바란다. 이때 성공이란 더 많이 벌고 더 많은 권력을 가지는 것을 말한다. 교회 안에서도 그런 성공의 기준을 갖고 있는 경우가 많다. 당시 이수정은 흥선대원군을 주축으로 한 보수파와 후일 명성황후로 추대된 중전 민씨를 중심으로 한 개화파, 개화파 중에서도 민영익을 중심으로 한 온건 개화파와 김옥균을 중심으로 한 급진 개혁파 가운데 어느 한 곳에 줄을 서야 했을 것이다. 정치적 신념

---

1   옥성득, 《다시 쓰는 초대 한국교회사》, 새물결플러스, p.506

보다는 살아남아야 하는 절박한 상황에서 이수정은 누구보다 성공을 바랐을 것이다. 그러나 한편으로는 공허함과 두려움, 불안과 싸워야 했을 것이다. 이수정이 도일한 경위와 거기서 기독교 복음에 빠져든 과정을 보면 당시의 시대상과 개인이 짊어졌어야 할 삶의 무게를 짐작할 수 있다. 이는 오늘날을 사는 우리도 크게 다르지 않다.

이수정은 츠다센으로부터 전해 듣기 전부터 기독교에 관심이 있었던 것 같다. 그의 숙부는 천주교도로 순교했고, 그는 오래전부터 기독교 사상이 나라를 개화시켜 부국강병할 것이라고 생각했다. 이수정은 온건 개화파였다. 그는 기독교 사상이 조선을 변화시키고 발전시킬 것이라는 희망을 갖고 있었고, 일본에 가서 선진 문물을 배우고 싶었다. 마침내 임오군란 중에 중전 민씨를 도운 것을 계기로 일본에 건너갈 기회를 잡을 수 있었다.

이수정은 츠다센으로부터 한문성경을 얻어 기독교의 진리를 알아 갔다. 사실 그는 이미 천주교에 대해 많이 알고 있던 터라 한문성경을 읽으면서 개신교의 무엇이 천주교와 다른지 이해할 수 있었고, 천주교에 대한 지식을 바탕으로 개신교를 더 잘 이해할 수 있었다.

이수정은 한문성경을 읽으며 어떤 생각을 하게 됐을까? 그의 다음 행보를 통해 이때 그가 한 생각을 유추해 볼 수 있다.

이수정은 1882년 10월에 일본에서 츠다센을 만났을 것이다. 두 달 후인 12월에 수신사가 조선으로 돌아갔을 때, 그는 수신사를 계속 보필하지 않아도 되는 비공식 수행원이었기에 일본에 더 남을 수 있었다. 그는 12월 25일, 도쿄축지교회(현 도쿄제일장로교회)에서 있었던 크리스마스 예배에 츠다센과 함께 참석했다.[2]

하나님의 아들 예수 그리스도가 태어난 날, 이수정은 기독교가 어떤 종교인지 알 수 있었을 것이다. 부활의 종교이며 사람이 아닌 이 세상 온 만물을 창조한 전지전능한 하나님을 믿는 종교이고, 예수 그리스도의 피 흘림을 통해 우리가 구원받았다는 복음을 믿는 종교라는 걸 알게 되었을 것이다.

1883년 츠다센의 소개로 나가다를 만난 뒤 그에게서 성경을 배울 수 있었다. 또한 일본인 목사 야스카와 도루로부터 성경에 대한 설명을 듣고 세례를 결심하게 되었다. 야스카와 목사를 통해 이수정은 불교와 기독교의 구원론이 어떻게 다른지 알 수 있었다고 한다.

불교는 구원을 해탈에 두고 있다. 선행을 통한 깨달음으로 초월적 존재인 부처가 되어야 한다는 것이다. 이를 위해 수행을 강조한다. 반면에 기독교는 부활의 종교다. 예수님이 다시 살아나셨기 때문에 우리는 영생을 알게 되었고, 그분을 통해서 구원을 받게 되었다. 불교의 한계는 세상을 창조한 분이 누구인지 정확히 알려 주지 않는다는 점이다. 하지만 기독교의 창조주는 명확하다.

이수정의 신앙이 성숙해진 데는 먼저 하나님을 믿은 일본인들의 노력이 있었음은 분명한 사실이다. 결국 이수정은 일본에 온 지 7개월 만인 1883년 4월 29일, 노월정교회에서 미국 선교사 녹스 목사에게

2 이만열 외, 《대한성서공회사1. 조직·성장과 수난》, 대한성서공회, p.128

1883년 4월 29일에 찍은 사진. 왼쪽 윗줄부터 세례를 준 녹스 선교사, 이수정, 세례 문답자이자 이수정에게 성경 공부를 해준 야스카와 목사, 아랫줄 가운데는 이수정에게 한글성경 번역을 의뢰하고 많은 기록을 남긴 헨리 루미스 선교사다. 아랫줄 좌우의 일본인은 알 수 없다. 이 사진은 1902년 1월 8일 <더크리스천헤럴드>에 이수정의 기이한 꿈이란 제목으로 헨리 루미스의 글과 함께 실렸다고 한다.
-
이수환,《이수정 선교사 이야기》, 목양

세례를 받았다. 노월정교회는 현재 남아 있지 않지만, 교회의 분열과 통합과 이전의 여러 과정을 거쳐 오늘날 시바교회의 뿌리가 되었다.

당시의 세례 의식은 지금보다 더 엄격한 기준을 갖고 있었을 것이다. 중국 만주에서 매킨타이어 목사는 세례를 원하는 백홍준과 김진기로 추정되는 첫 번째 세례자에게, 만약 세례를 받고 싶다면 고향으로 돌아가 부모의 허락을 받아 오라고 말했다. 그들은 엄동설한의 추위를 뚫고 고향에서 부모의 허락을 받고 와서야 세례를 받을 수 있었다. 세례를 받는다는 것은, 내가 그 구원의 확신을 끝까지 믿고 주님만 의지하겠다는 거듭남의 선언이다. 지금 한국 교회의 세례 의식, 세례를 받기 위한 준비, 마음가짐이 어떠한지 다시금 돌아보아야 할 것이다.

도쿄에서 나는 시바교회를 찾아갔다. 앞서 말했듯이 이수정은 노월정교회에서 세례를 받았는데, 노월정교회는 현재 시바교회의 뿌리다. 물론 같은 장소 같은 위치에 있는 교회는 아니지만, 이수정이 세례를 받은 그 당시의 일들을 묵상하고 싶었다. 사전에 시바교회의 목사님과 약속을 하고 교회를 방문해도 좋다는 허락을 받았지만, 방문 일주일 전쯤 갑작스러운 교회 사정으로 인해 방문이 불가능하다는 연락을 받았다.

나는 하는 수 없이 시바교회 건물만 보고 오기로 했다. 이수정이 세례를 받을 당시의 건물은 아니지만 1900년대 초반에 지어진 교회는 도시 재개발 사업과 함께 사라지고 없었다. 그 자리는 공사장이 되어 있었다. 나는 그 근처 건물에 올라가 공사가 진행되고 있는 시바교회가 있었을 터를 묵묵히 바라보았다.

건물은 건물일 뿐이다. 육체가 사라져도 영혼은 남듯이, 어쩌면 저 오랜 건물은 사라져도 그 안에 남아 있는 시바교회의 정신은 일본

공사 중인 시바교회 ⓒLee

1883년 5월, 일본 기독교대친목회 사진.
맨 앞줄 오른쪽에서 네 번째가 이수정이다.
-
한국장로신문(2011년 9월 3일)

기독교가 언젠가 부흥하고 많은 사람들이 예수님을 알게 될 때 다시 부활하게 될 것이다. 그것이 어쩌면 역사의 순환이고 반복이라는 생각이 든다.

현재 시바교회는 나이 든 교인이 주를 이룬다고 한다. 지금은 인근의 건물 2층을 임시로 빌려 예배를 드리고 있는데, 아마 곧 새로 건축된 예배당에서 예배를 드리게 될 것이다. 하나님은 이곳에 새로운 일을 이루고 계시다. 옛 시바교회를 보고 싶었지만, 하나님은 내게 일본 교회의 새 역사에 대한 기대감을 갖게 하셨다.

이수정은 이 근처에서 예배를 드리고 세례를 받고 길을 거닐었을 것이다. 지금은 도쿄의 중심부가 된 이곳…. 이수정은 길을 걸으며 수많은 생각을 했을 것이다. 고향에 두고 온 가족, 거친 풍랑에 휘청거리는 조국, 보잘것없는 자신의 모습… 이렇게 숱한 생각을 하는 중에 어느 순간 하나님을 찾았을 것이다. 그에게 하나님은 어떤 의미였을까? 그에게 찾아가신 하나님과 지금 우리에게 오신 하나님이 동일한

것에 감사한다. 과연 하나님은 과거의 하나님이 아니라, 지금도 살아
계시고 시간과 공간을 뛰어넘어 영원불멸하는 하나님이시다.

한국인으로서는 일본에서 세례 받은 첫 개신교 신자가 된 이수
정. 그에게 세례가 어떤 의미였는지는 그의 다음 행보를 통해 유추해
볼 수 있다. 그는 세례를 받은 후 며칠 뒤, 도쿄의 신사카에교회에서
열린 일본 기독교대친목회에 참석했다.

그리고 조선인 기독교인으로서 당당히 기도하고 신앙을 고백했
다. 우치무라 간조는 그의 기도에 대해 다음과 같이 기록했다.

참석자 중에는 한 사람의 한국인이 있었는데, 그는 이 은둔국의 국민을 대표
하는 명무의 사람으로 일주일 전에 세례를 받고 자기 나라 의복을 항상 착용
하는 기풍이 당당한 자로서 우리 중에 참가하고 있었다. 그는 자기 나라 말
로 기도했는데, 우리들은 그 마지막에 아멘하는 소리밖에 알아듣지 못하였
다. 그러나 그 기도는 무한한 힘을 가진 기도였다. 그가 참석하고 있다는 사
실과 아무도 그의 말을 알아듣지 못한다는 사실이 그 장소와 광경을 더 한
층 오순절과 같이 만들어 주었다. 대친목회의 부흥을 완전한 펜테코스트
(pentecost)로 화하게 함에는 현실의 불같은 혀가 필요하지만(행 2:3) 우리는 그
것을 우리의 상상력으로 보충하였다. 우리들의 머리 위에는 무엇인가 기적
적이요 놀랄 만한 사실이 일어나고 있다는 것을 온 회중이 다 같이 감독하였
다. 우리들 회중 일동은 다 태양이 머리 위에 비치고 있지 않은가 하기까지

신기하게 여겼다.(우치무라 간조)[3]

이 기록은 그날의 분위기를 자세히 설명하고 있다. 그날은 성령님이 함께하신 날이었고, 이수정의 기도는 말이 통하지 않았지만 성령 충만한 기도였다. 그러나 그날은 수많은 일본인 중에 유일한 조선인 이수정이 있음으로 해서 한국인과 일본인의 교류가 교회 안에서 시작된 역사적인 순간이기도 했다. 그날 그는 요한복음 14장과 15장을 바탕으로 자신의 신앙을 당당히 고백했다. 그날의 그의 고백은 그 다음 달에 발행된 동경기독청년회 잡지인 〈六合雜誌(육합잡지)〉에 실렸다.

아버지가 내 안에 있고 내가 아버지 안에 있으며 내가 너희 안에 있고 너희가 내 안에 있음은 하나님과 사람이 서로 감응의 이치가 있음을 말씀하신 것으로서 이것은 믿음으로만 이루어진다는 것을 확증한 것입니다. 예수께서 또 비유로 베풀어 말씀하시기를 내 아버지는 포도원 농부요 나는 포도나무이며 너희는 가지라 하셨는데, 대개 하나님과 사람의 감응에 대하여 이와 같은 비유로 말할 수 있습니다. 등의 심지가 타지 아니한즉 빛이 없을 것이다. (중략) 즉 그런 고로 등이 없을 때에는 빛을 볼 수 없을 것이며 믿음이 없으면 구원을 얻을 수 없을 것입니다. 만약 세례를 받고도 그 사람 마음속에 참된 신앙이 없다고 한다면 성도라고 할 수 없고 또한 그 사람됨이 불이 붙지 않는 심

<hr>

3   오윤태, 《한일기독교교류사Ⅳ》 선구자 이수정편, 혜선출판사, pp.62-63

현재 신사카에교회 ⓒLee

지 같아서 불이 붙지 않는다면 버림이 되어 사람의 발에 밟히게 되는 것과 같

을 것입니다.[4]

이수정은 비유로 말씀을 풀어 자신의 것으로 받아들이고 있다.

그는 단순히 성경을 읽는 것으로 끝난 것이 아니라, 그 말씀을 자신의

것으로 받아들이고 그것에 대한 확신을 담대하게 드러냈다.

나는 현재의 신사카에교회로 향했다. 주택가 안에 자리 잡은 교

---

4   六合雜誌 34호(1883년 5월 30일)

회는 작고 아담했다. 이 작은 교회에서 1883년 역사적인 일본 대친목회가 열린 것이다. 여기에 우치무라 간조도 있었고, 츠다센도 있었고, 니지마조도 있었다. 그리고 이수정도 있었다. 현재 일본 개신교의 뿌리와 같은 일본인들이 한자리에 모인 것이다.

우치무라 간조는 우리나라에도 많이 알려져 있고, 그의 가르침을 받은 한국인이 많을 만큼, 그는 국적을 떠나 한국 기독교에도 많은 영향을 끼쳤다. 츠다센은 앞서 말한 것처럼, 조선의 사절로 일본을 방문한 안종수에게 기독교를 전했고, 그를 통해 이수정이 복음을 듣게 되었다. 니지마조는 미션 스쿨인 도시샤대학교를 세운 설립자다. 이렇게 쟁쟁한 믿음의 선배들 앞에서 이수정은 자신의 신앙을 고백한 것이다. 우치무라 간조는 그의 고백을 듣고 깊은 감명을 받았고 그것을 기록으로 남겨 두었다.

다른 관점에서 생각하면, 신사카에교회는 한국과 일본의 네트워크에 기여한 교회다. 이 교회를 통해 이수정은 다른 많은 일본 기독교인을 만날 수 있었을 것이다. 그리고 그들과 교제하며, 하나님에 대해 더 알아 갔을 것이다. 만약에 한국과 일본이 기독교 안에서 다시 영적인 회복이 일어나고 화해와 용서가 일어난다면 이 신사카에교회를 기억해야 할 것이다. 하나님 안에서 한국인과 일본인의 첫 교제가 일어난 장소이기 때문이다. 더구나 일본의 기독교인들이 영적인 부흥을 위해 모인 곳으로, 앞으로 일본의 영적 부흥을 위해 반드시 기억해야 할 곳이기도 하다.

요코하마 외국인 묘지에는 헨리 루미스 선교사의 무덤이 있다. 그는 평생을 일본을 위해 살았고 일본에 묻혔다. 요코하마 외국인 묘지에는 바라 선교사를 비롯한 많은 선교사들이 묻혀 있다. ©Lee

일본 기독교 대친목회에 참석한 후 이수정은 일본의 미국 성서공회에서 사역하던 루미스 선교사의 권유로 한글성경을 번역하기 시작했다. 아마도 루미스는 일본의 기독교인들로부터 조선에서 온 이수정의 이야기를 듣고 그를 만나 보고 싶었을 것이다. 당시 조선은 선교사가 들어갈 수 없는 나라였기에 루미스는 언젠가 그곳의 문이 열릴 때를 대비해야 한다고 생각했을 것이다. 물론 그 마음을 주신 분은 하나님이시다. 하나님은 왜 그런 마음을 루미스에게 주셨을까?

만주에서 사역하던 존 로스가 언젠가 조선의 문이 열리면 만주를 통과해 조선에까지 복음이 가야 한다고 생각했듯이 루미스 역시 그렇게 생각했을 것이다. 언젠가 조선의 문이 열리면, 일본을 통과해 조선으로 들어가 복음을 전하게 될 것이고, 그때를 준비해야 한다고 말이

(왼쪽) 미국 성서공회가 있던 자리. 현재는 요코하마 컨티넨탈 호텔이 있다. 이곳에서 이수정이 번역한 성경이 만들어졌다. (오른쪽) 그 맞은편에는 일본 최초의 개신교회인 카이간교회가 있다. 아마도 이수정은 미국 성서공회에서 자주 루미스와 이야기를 나눴을 것이고, 카이간교회에서 예배도 드리지 않았을까 한다. ⓒLee

다. 그런데 그 조선에서 온 유일한 기독교인을 만나게 됐으니 하나님이 주신 더없는 기회라고 생각했을 것이다.

우치무라 간조의 기록, 그리고 이수정이 일본 잡지에 남긴 고백을 통해 알 수 있는 것은, 이수정이 단지 나라의 부강을 위해 기독교를 믿기 시작한 것이 아니라는 점이다. 그는 믿음이 없이는 구원을 받을 수 없다는 사실을 정확히 이해하고 있었다. 그리고 그 이해는 논리적인 이해가 아니라 성령의 감화로 이루어진 것이었다. 그런 그에게 성경은 조선의 백성에게 반드시 전해야 할 것이었다. 그랬기에 루미스가 한글성경 번역을 제안했을 때 거부할 이유가 없었다. 한글성경 번역을 돕는 대가로 받는 보수로 일본 체류비를 충당할 수 있으니 이수정에겐 더할 나위 없는 제안이었다.

오른쪽 건물들 뒤편 어딘가에 요코하마 복음인쇄소가 있었다. 상하이에서 활자와 미학을 공부한 무라오카 헤이키치는 1890년대에 일본 요코하마에 복음인쇄소를 세웠다. 이곳에서 다양한 종류의 한글성경과 찬송가가 인쇄되어 조선에 배포되었다. 일본 성경과 신앙 서적도 인쇄되었으며 우치무라 간조의 책도 인쇄되었다고 한다. 무라오카 헤이키치는 요코하마의 카이간교회와 함께 오래된 교회 중 하나인 시로교회의 장로이기도 했으나 관동 대지진이 일어났을 때 인쇄소가 허물어지고, 직원 70여 명이 죽는 참사를 당했다. 이때 그의 후계자이며 다섯 번째 아들인 히토시도 죽음을 맞았다. 인쇄소에서 가장 중요한 물건은 활자다. 불에 탄 인쇄소 건물은 다시 지으면 됐지만 활자는 복구하기 어렵기 때문이다. 그로 인해 복음인쇄소는 재기하지 못하고 역사 속으로 사라졌다. ⓒLee

한글성경 번역의 필요성을 절감하고 있던 이수정은 그 일에 많은 시간과 공을 들였다. 조선으로 돌아가자고 찾아온 동생과 도대체 성경에 관심을 가지는 이유를 묻는 친구에게 이수정이 대답한 내용이 루미스 선교사가 본국에 보낸 보고서에 기록되어 있다. 그가 어떤 마음가짐으로 이 일에 임했는지 알 수 있는 내용이다.

(이수정이 동생에게) 나는 돈을 원하지 않으니 가지고 돌아가라. 같이 가고자 하는 네 소원을 들어줄 수가 없구나. 왜냐하면 나는 여기서 아주 중요한 일을 해야 한다. 나와 내 나라의 백성들에게 철도나 전신이나 기선보다 더 좋은

것을 발견했기 때문이다.

(이수정이 친구에게) 성경은 다만 한 가지의 중요한 도리나 역사적 사실만을 담고 있는 책이 아니라 그것을 주의 깊게 연구하는 모든 사람들에게 흥미와 도움을 충만히 준다.[5]

또 다른 루미스의 기록을 보자.

그의 최대 소망은 성경을 자기 민족에게 주는 것입니다. 그는 미국성서협회가 다른 나라를 위해 어떤 일을 해왔는지 알고 있으며, 또 한국을 위해서도 기꺼이 성경반포사업을 하려고 한다는 사실을 전해 듣고는 기쁨을 감추지 못했습니다. 그는 우선 한한성경을 시작한 다음 번역에 들어가자는 내 제안을 기쁘게 받아들였습니다. 어제 그를 방문해 보니 마태복음과 마가복음의 상당량이 이미 완성된 상태였습니다.[6]

루미스가 이수정에게 성경 번역을 맡긴 뒤 중간에 그를 방문했던 것 같다. 이수정은 진도를 빨리 내고 있었다. 그런데 이때 작업은 엄밀히 말하면 한글성경 번역이 아니었다. 그것은 한문을 더 잘 이해하기 위해 한문성경에 토를 다는 것이었다. 이렇게 한문에 토를 다는 것을 현토라 하는데 아주 오래전부터 조선에서 이용한 방법이었다. 같

5   H. Loomis' Letter to Dr. Gilman, 11.1883; 이만열 외, 《대한성서공회사1. 조직·성장과 수난》, 대한성서공회, p.141 재인용

6   H. Loomis' Letter to Dr. Gilman, 11.1883; 이덕주, "초기 한글성서 번역에 관한 연구", p.339 재인용

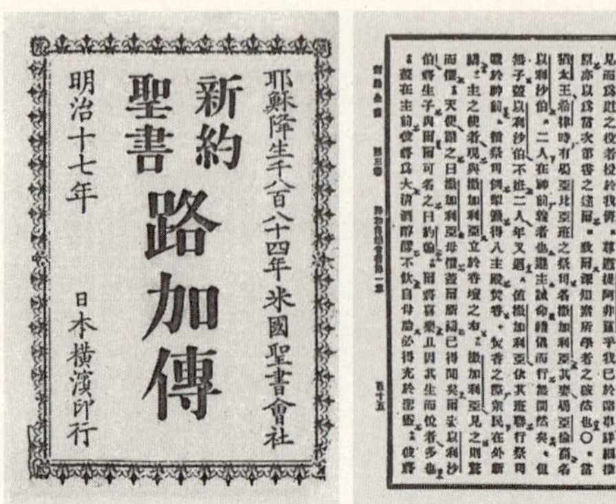

이수정이 처음 번역한 현토한한 신약성경

은 한자 문화권인 일본도 이런 방식으로 한문책을 읽기 쉽도록 만들었다. 일본에서 이뤄진 한글성경 번역의 첫 시작이 현토한한성경이었던 데는 몇 가지 이유가 있다.

우선, 당시 일본에서는 일본어로 번역된 성경과 함께 훈점을 단 《訓讀新約全書(훈독신약전서)》가 간행되어 지식인들 사이에서 높은 호응을 얻고 있었다. 따라서 조선을 위한 성경도 비교적 시간이 덜 드는 훈점과 비슷한 토를 단 성경으로 만든 것이다.[7]

또 다른 이유는 당시 이수정이 번역한 성경은 일본에 있는 조선인 유학생, 즉 식자층을 대상으로 한 만큼 그들이 선호하는 한문에 토를 다는 형식으로 번역하기로 결정한 것 같다.

마지막 이유는, 이수정이 한문성경에 토를 달면서 성경에 대해 더 많이 알기를 바라는 루미스의 배려도 있었을 것이다. 그는 이를 통

7 이만열 외, 《대한성서공회사1. 조직·성장과 수난》, 대한성서공회, p.145

해 이수정이 한글성경 번역을 위해 더 준비된 사람이 되길 바랐을 것이다.

이수정은 1883년 6월부터 약 두 달 만에 마가복음, 마태복음, 누가복음, 요한복음, 사도행전을 번역하여 현토한한신약성경을 완성했다. 이후 이수정은 본격적으로 한글성경을 번역하기 시작했다. 먼저 상대적으로 분량이 적고 이방인들을 위해 쓰여진 마가복음을 번역해 1885년 2월《신약마가젼복음서언해》로 세상에 나왔다.

《신약마가젼복음서언해》는 만주에서 몇 년 앞서 번역된《예수성교 누가복음젼셔》와는 조금 다른 방법으로 번역되었다. 먼저 국한문 혼용체를 채택했다. 의미를 정확히 전달해야 할 때는 뜻글자인 한자를 쓰고 거기에 한글로 토를 다는 식이었다. 팀으로 성경 번역을 한 만주와 달리 일본에선 이수정 개인이 번역했다. 따라서 팀과 개인의 차이에서 오는 장단점이 두 성경을 비교했을 때 분명히 존재할 것이다.

국한문 혼용체의 한글 번역은 존 로스와 의주 상인들이 만주에서 번역한 한글성경보다 의미 전달이 더 정확하다는 장점이 있다. 뜻을 내포한 한문을 사용한 까닭이다. 또한 당시 한문을 잘 쓰고 읽던 유학생들과 조선의 식자층, 양반들에게 유용했다.

이수정이 친구와 나눈 또 다른 대화 내용이 루미스의 기록에 남아 있다. 루미스가 직접 이수정과 친구의 대화를 기록한 것인지, 아니면 이수정의 이야기를 직접 듣고, 또는 누군가에게 전해 듣고 사실성과 현장감을 더하기 위해 그렇게 대화체로 표현한 것인지는 알 수 없지만, 루미스의 기록에 남아 있는 이수정과 친구의 대화에서 우리는 이수정이 당시에 어떤 생각을 했는지 유추해 볼 수 있다.

그때 그의 친구는 "나는 자네가 왜 그렇게 행복해하는지 그 이유를 알 수 없네. 자네는 최근에 매우 변했네. 어떤 새롭고 특별한 기쁨을 찾은 것처럼 보이는군" 하고 말했다. 이수정은 "나는 이전에는 결코 생각해 보지 못했던 마음의 큰 평안과 행복이 있다네. 그러나 자네에게 그것이 무엇인지 이야기해 줄 수는 없네. 그것은 다만 믿는 자에게만 오는 것이기 때문이라네"라고 대답했다.[8]

믿는 자에게만 오는 것, 그것을 아는 사람들은 애석하게도 믿는 자들뿐이다. 믿음의 영역으로 들어오기 전까지 그것을 알 수 있는 사람은 없다. 오직 믿는 자들에게만 허락된 것, 그것은 친구의 말처럼 어떤 새롭고 특별한 기쁨이었다. 그리고 이수정이 말한 큰 평안과 행복이었다.

아마도 이전에는 결코 생각해 보지 못한 마음의 큰 평안과 행복으로 인해 이수정은 그것을 사람들과 나누고 싶었을 것이다. 사람들에게 말해 주고 싶었을 것이다. 그래서 그는 조선인 유학생들에게 복

8 H. Loomis'letter to Dr.Gilman, Jun.11.1883; 이만열 외, 《대한성서공회사1. 조직·성장과 수난》, 대한성서공회, p.132 재인용

음을 전하기 시작했고, 주일학교까지 개설했다.[9] 1883년 연말에 벌써 8명가량의 수세자가 도쿄에서 생겨났고 그보다 많은 유학생들이 개종을 했다.

1883년 6월에 개설된 주일학교 모임은 점차 발전되어 일본에 거주하는 외국인 선교사들이 와서 성경을 가르치는 일종의 성경연구회로 확대되었다. 더 나아가 주일마다 설교자를 초청하여 정기적으로 예배를 드리게 되었다. 이것이 1883년 말에 설립된 최초의 한인교회다.

일본에서 이수정은 한글성경 번역 외에 다양한 일들에 참여했다. 그는 요리문답과 주기도문도 함께 번역했으며, 탕자 이야기를 담은 전문 기독교 도서인 《랑자회개》와 《천도소원》이라는 기독교 서적을 번역하기도 했다. 한편, 그는 도쿄 외국어학교 조선어 교수로 임명되어 조선어를 가르치기도 했으며, 《조선일본선린호화(1권)》(조선어 교재)을 집필하기도 했다. 《조선일본선린호화(1권)》는 조선의 지리, 민속, 제도, 법률, 정사, 도학, 문예 등의 다양한 항목이 담겨 있으며 문답 형태로 조선을 소개하는 50쪽 분량의 책이다.

그는 이외에도 《천주교인조선사실》을 썼는데, 천주교 교리에 대한 설명이었다. 한편, 일본 오쓰카(大塚彦太郎) 가문이 소장하고 있던 김시습의 금오신화의 평과 발문을 쓰기도 했고, 박제형이 쓴 《근세조선정감》의 서문을 쓰기도 했으며, 《명치자전》이라는 책의 서문과 한

---

9   이만열 외, 《대한성서공회사1. 조직·성장과 수난》, 대한성서공회, p.132

도시샤대학 설립자인 니지마조의
샤택. 도시샤대학 근처에 있다.
©Lee

음훈의 표기를 담당하기도 했다.[10]

그는 성경 번역을 중심으로 다양한 문서 선교에 참여하면서 조선
과 일본의 네트워크에 큰 역할을 한 인물임에 분명하다. 그가 이렇듯
다양한 일들을 병행한 이유는 아마도 일본에 체류하면서 체류비를 벌
어야 했기 때문일 수도 있다. 하지만 중요한 사실은 그가 이렇게 여러
가지 일을 하면서도 성경 번역을 끝까지 감당하려 했다는 것이다. 한

10　이수환, 《이수정 선교사 이야기》, 목양, p.99

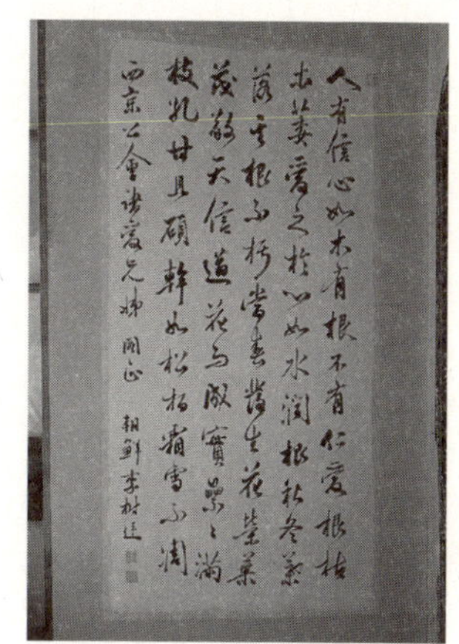

이수정이 니지마조에게 선물한 친필 족자 ⓒLee

가지 더 주목할 업적은 그가 당시 조선인 유학생들과 함께 신앙공동체를 형성하는 데 매우 중요한 역할을 감당했다는 것이다.

나는 이수정의 흔적을 찾아 몇 군데를 더 방문했다. 신사카에교회에서 이수정이 만난 니지마조는 교토에 미션 스쿨 도시샤대학을 설립했다. 니지마조는 이수정을 교토로 초청했고, 대학 내 교회에서 이수정은 자신의 신앙을 고백했다. 그때 학생들에게 남긴 글은 니지마조의 사택에 친필 족자로 보관되어 있다.

족자 안에 이수정이 쓴 글은 이수정의 신앙 고백이었다. 그의 신앙 고백을 보면서 나는 그의 믿음에 대해 생각할 수 있었다. 그리고 그가 어떤 마음으로 일본에 있었는지, 그리고 족자에 글씨를 쓰며 어떤 마음이었는지를 떠올릴 수 있었다.

人有信心 如木有根

不有仁愛 根枯木萎

愛之於心 如水潤根

秋冬葉落 其根不朽

當春發生 花榮葉茂

敬天信道 花而成實

疊疊滿枝 札甘且碩

幹如松栢 霜雪不凋

사람이 하나님을 믿는 것은 나무에 뿌리가 있는 것과 같다.

사랑하는 마음과 불쌍히 여기는 마음이 없다면,

그 나무의 뿌리가 마른 것과 같다.

사랑하는 마음은 물과 같아서 뿌리를 윤택하게 만든다.

가을과 겨울에 나무의 잎이 떨어져도 그 뿌리는 마르지 않는다.

언제나 봄과 같이 싹이 나고 꽃이 만발하여 잎이 무성하다.

하나님을 공경하고 말씀을 믿으면 꽃이 피고 얽히고설킨 가지마다

열매가 가득하고 깊이가 있고 크고 달다.

그 몸은 소나무 잣나무 같아서 눈과 서리가 감히 시들게 하지 못한다.

이수정이 그렇게 숨 가쁘게 일본에서 주님의 일을 감당하게 된

이유는 그가 받아들인 말씀의 영향임을 부정할 수가 없다. 이수정은

선교사를 보내 달라는 편지를 미국에 보내기도 했다.

여러분의 나라는 기독교 국가로서 우리에게 잘 알려져 있습니다. 그러나 여러분이 우리에게 복음을 보내 주지 않으면, 나는 다른 나라가 그들의 교사들을 신속히 파송하리라 생각하며, 또한 그 가르침들이 주님의 뜻과 일치하지 않을까 하여 걱정하는 것입니다. 비록 나는 영향력이 없는 사람이지만 여러분이 파송하는 선교사들을 돕는 데 최선을 다하겠습니다.[11]

이수정의 호소문은 헨리 루미스를 통해 세계선교평론지(The missionary Review of the world)에 실렸다. 그 호소문의 위력은 놀라운 것이었다.

이 주목할 만한 일련의 사건에 자극된 우리 (미북장로회) 선교사 몇 명은 여러 달 동안 선교 본부에 한국 선교사를 임명해 줄 것을 간절히 요청하였는데, 이는 개종한 한국인 자신들의 청원과 일치한다. 다음 사실이 선교 본부가 취한 행동이다. 최근 모임에서 선교 본부는 목회 선교사로 언더우드 목사를 임명했다.(The missionary Review of the world)[12]

---

11   Rijutei, "Rijutei to the Christians of America, Greeting", MR, Mar.1884; 이만열, 《한국기독교문화운동사》, 대한기독교출판사 재인용

12   "Japan and Korea", FM, Sep.1884, p.150; 이만열 외, 《대한성서공회사1. 조직·성장과 수난》, 대한성서공회, p.138 재인용

이 일로 언더우드와 헤론, 아펜젤러, 스크랜턴 등의 선교사들이 조선으로 향하게 되었다. 그들은 미국에서 이수정의 호소문을 읽었던 것이다. 한편 1883년, 견미사절단(見米使節團), 일명 보빙사(報聘使)가 미국에 갔을 때, 가우처(John Goucher) 박사가 미국 대륙횡단열차에 탔다가 우연히 그들을 만나고 나서 조선 사람들에게 관심을 갖게 된 뒤 조선 선교를 위한 선교비를 내놓게 되었다. 일본에 있던 매클레이(Robert Maclay)가 그 돈으로 조선에 가서 김옥균을 통해 조선 선교를 타진할 수 있었다. 선교에 뜻을 두고 있던 언더우드 같은 사람들이 이수정의 호소문을 읽을 수 있었던 일, 가우처 박사가 그 많은 기차들 중에서 견미사절단이 탄 기차를 함께 타게 되고, 조선이라는 나라에 대해 관심을 갖게 된 일, 이 일들을 단지 우연이라고 말할 수 있을까?

하나님은 우연히 일하시는 분이 아니다. 하나님은 단순히 이 땅을 위해 선교사들을 보내신 것이 아니다. 언젠가 이 땅의 사람들이 세상 어느 누구보다 하나님 일에 적극 동역하게 될 것임을 하나님은 계획하고 예비하셨다.

하나님의 계획대로, 1885년 4월에는 언더우드와 아펜젤러, 5월에는 스크랜턴이 제물포로 들어왔다. 미국을 떠나 요코하마, 고베, 나가사키, 부산을 거쳐 제물포에 닿는 긴 항해 끝에 조선에 도착한 것이다. 1875년부터 미쓰비시 우편기선회사는 요코하마-상하이 노선을 운항하고 있었다. 이미 일본은 조선을 거쳐 중국에 이르는 무역 노선을 갖고 있었던 것이다. 미쓰비시 우편기선회사는 1885년 9월 일본

일본의 첫 개신교 선교사였던 햅번 선교사의 사택 터. 이곳에서 언더우드와 몇몇 선교사들이 조선으로 가기 전까지 묵으며 조선말을 배웠다. 언더우드의 기록에 의하면, 그는 조선으로 떠나기 전 2개월 동안 루미스 선교사의 소개로 조선인 유학생들에게 조선말을 배웠고, 그들에게는 영어를 가르쳤다고 한다. ⓒLee

우선회사로 확장되었고 1883년부터 제물포가 개항되자, 한 달에 한 번 요코하마-고베-나가사키-부산-제물포 노선을 운행했다.[13]

하나님은 이수정을 통해 조선으로 갈 선교사를 부르셨다. 그리고 그 부르심에 응답한 선교사들은 조선에 오기 전에 일본에 먼저 도착해서 이수정을 비롯한 한국 유학생들에게 조선말을 배웠다. 조선에 대한 정보를 얻고, 조선의 언어를 배우며, 기도하며 헌신을 준비한 것

13   옥성득, 《다시 쓰는 초대 한국교회사》, 새물결플러스, p.124

이다. 일본의 요코하마는 그런 의미에서 선교사들이 조선 선교를 위해 준비하는 경유지라 할 만했다. 그렇게 준비를 마친 선교사들은 일본에서 이수정이 이미 번역해 놓은 한글성경을 들고 조선으로 향했다. 더구나 조선으로 가는 배편까지 이미 준비된 상태였다. 모든 것이 짜 맞춘 듯 계획적이었다. 과연 이것을 우연이라고 할 수 있을까? 이 세상을 창조한 위대하신 분이 계획하고 예비하신 일이 아니겠는가.

가장 놀라운 사실은 이수정의 국한문 혼용체 성경은 만주에서 번역된 한글성경이 대상으로 삼은 일반 대중이 아니라, 식자층을 주대상으로 한 성경이었다는 점이다. 전혀 다른 두 지역, 만주와 일본에서 두 가지 버전의 성경이 거의 비슷한 시기에 번역되어 조선으로 흘러들어감으로써 다양한 대상과 지역을 아우를 수 있었다. 당시는 이 놀라운 사실을 누구도 눈치채지 못했을 것이다. 혹자는 만주와 일본 두 군데에서 동시에 성경이 번역된 것은 효율적이지 못한 인력 낭비가 아니냐고 할지도 모르겠다. 하지만 하나님은 이 두 가지 버전을 통해 더 넓은 지역, 더 폭넓은 계층을 아우르기를 원하셨다. 그것은 하나님이 계획하신 필연적인 우연이었다.

하나님은 왜 이런 계획을 하셨던 걸까? 과연 왜 하나님은 선교사들이 이 땅에 오기 전에 이미 한글성경을 번역하게 했으며, 더 폭넓은 지역과 계층이 성경 읽기를 원하셨을까?

그는 너희보다 먼저 그 길을 가시며 장막 칠 곳을 찾으시고 밤에

는 불로, 낮에는 구름으로 너희가 갈 길을 지시하신 자이시니라

여호와께서 이미 말씀하신 것과 같이 네 하나님 여호와께서 너보다 먼저 건너가사 이 민족들을 네 앞에서 멸하시고 네가 그 땅을 차지하게 할 것이며 여호수아는 네 앞에서 건너갈지라

그가 자기를 위하여 먼저 기업을 택하였으니 곧 입법자의 분깃으로 준비된 것이로다 그가 백성의 수령들과 함께 와서 여호와의 공의와 이스라엘과 세우신 법도를 행하도다

그것은 우리의 길을 언제나 예비하시는 주님이 우리 민족을 특별한 계획하에 두시기 위함이었다. 우리를 열방 가운데 사용하기 위해 택하시고 준비시키신 것이다. 이 놀라운 계획은 이후 하나님의 일하심이 드러나는 한글성경의 파급 효과, 부흥 등에서 증명이 되었다.

8

말씀이
말씀이 되다

◊

"나는 한국에 복음의 씨를 뿌리러 왔는데
열매를 거두기에 바쁘다."
- 언더우드

◊

성경을 번역한다는 것은 단순히 문자를 다른 문자로 번역하는 것을 의미하지 않는다. 문자에는 그 문자를 쓰는 사람들의 생활과 문화가 깃들여 있기 때문이다. 따라서 성경을 번역하려면 먼저 그 문자를 사용하는 사람들의 문화를 이해해야 한다. 그러고도 번역한 것이 그들에게 어떻게 받아들여질지 고민하고 또 고민해야 한다. 여기에는 당연히 성경을 정확히 이해하는 것이 선행되어야 한다. 그런 점에서 성경 번역은 소통이며 그 과정에서 서로 다른 문화와 서로 다른 사람들이 충돌하다가 하나가 되어 가는 과정이다. 선교 과정과 동일한 과정을 거치는 것이다. 예수님의 사랑을 전하려면 먼저 소통해야 하고 서로 이해하는 과정이 필요하기 때문이다. 그리고 서로 다른 문화 간에는 반드시 충돌이 일어나게 되어 있고 이 충돌을 극복하는 과정에서 하나로 융합되기 때문이다.

성경 번역자는 반드시 현지 동역자가 필요하다. 그리고 그 동역자와 그리스도 안에서 사랑의 관계를 맺어야 한다. 존 로스, 매킨타이어와 백홍준, 이응찬, 서상륜의 관계가 그랬고, 이수정과 일본인들, 루미스의 관계가 그랬다.

사랑과 인내 없이는 할 수 없는 것이 성경 번역이다. 지난한 성경 번역 자체가 예수님의 간섭 없이는 불가능하기 때문에 성경 번역자는 성령의 능력을 경험할 수밖에 없다. 이 성령의 능력이 이후에 말씀으로 선포된다.

만주에서 많은 조선인과 선교사, 중국인들의 노력으로 성경이 처음으로 한글로 번역되고 인쇄되었다. 서상륜은 인쇄된 성경을 들고 한양까지 내려갔다. 만주에서 의주를 거쳐 한양까지 내려온 한글성경을 읽고 당시 사람들은 어떤 반응을 보였을까? 백성은 안중에도 없고 자기 잇속 챙기기에 바쁜 탐관오리들에 지치고, 외세에 눌리며, 겉치레만 남은 유교 사회에 신물이 난 사람들에게 성경은 눈이 번쩍 뜨이는 충격이었을 것이다. 성경은 세상의 논리를 거스르고 기존의 가치와 체계를 뒤집는 진리였기 때문이다.

백홍준과 의주 청년이 세례를 받기 위해 한겨울의 엄동설한을 뚫고 고향까지 갔다가 돌아올 만큼, 또 그들이 성경이 인쇄되자마자 고국으로 돌아가 복음을 전하기 바빴을 만큼, 성경 인쇄를 위한 식자를 담당하던 김청송이 당장 고향인 즙안의 촌구석으로 돌아가 복음을 전했을 만큼, 이수정이 고국으로 돌아가는 것까지 포기하고 말씀에 매달릴 만큼, 성경의 진리는 그 진리를 받아들인 사람의 삶을 송두리째 바꿔 놓을 만큼 위력적이었다.

또 어려서부터 성경을 알았나니 성경은 능히 너로 하여금 그리스도 예수 안에 있는 믿음으로 말미암아 구원에 이르는 지혜가 있게 하느니라 모든 성경은 하나님의 감동으로 된 것으로 교훈

과 책망과 바르게 함과 의로 교육하기에 유익하니 이는 하나님
의 사람으로 온전하게 하며 모든 선한 일을 행할 능력을 갖추게
하려 함이라 디모데후서 3:15-17

성경은 단순히 다양한 사람들이 기록한 오랜 역사책이 아니다.
오랜 시간 많은 저자가 다양한 장르로 쓴 것은 맞다. 하지만 디모데후
서의 말씀처럼 성경은 예수 안에 있는 믿음으로 말미암아 구원에 이
르게 하는 지혜가 있는 말씀이다. 성경의 저자는 하나님의 감동으로
기록을 했으며, 이는 곧 하나님이 저자들을 통해 쓰신 것이다. 또한
성경은 우리 삶에 교훈을 주고, 잘못된 것이 있다면 책망과 바르게 함
과 의로 교육하는 말씀이다. 성경이 그렇게 가르치는 이유는 하나님
의 사람으로 우리가 온전하게 서서 선한 일을 행하게 하기 위함이다.
성경은 그래서 살아 있는 말씀이며 능력의 말씀이다. 번역된 한글성
경의 능력은 놀라웠다.

한국 개신교는 성경 반포로부터 시작되었다. 만주와 일본에서 각
각 번역된 두 종류의 한글성경은 그렇게 조선의 각지로 흘러들어가
교회를 세우기 시작했다. 누군가 건물을 짓고, 그 건물이 교회가 되어
사람들이 모인 것이 아니라, 성경이 사람들을 모이게 했고, 기도하게
했고, 세례 받기 원하게 했고, 교회가 되게 했다. 사람이 교회 건물을
건축하고 세운 것이 아니라, 살아 있는 하나님의 말씀이 교회를 세운
것이다.

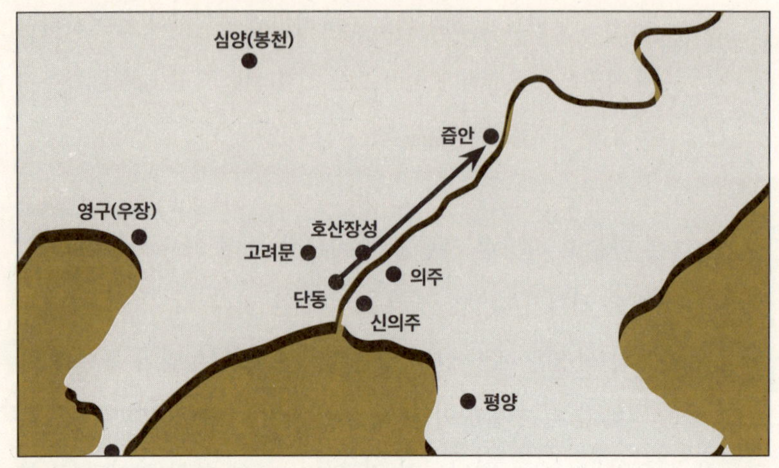

만주에서 번역된 최초의 한글성경은 시작은 조용했으나 이내 거친 파도가 되어 다양한 루트를 통해 갈급한 조선의 땅을 적시기 시작했다. 조선 사람들은 마치 오랫동안 기다렸다는 듯이 물이 종이에 스미듯 성경을 받아들였다.

나는 단동에서 버스를 타고 반나절을 달려 옛 고구려의 수도였던 즙안으로 향했다. 그곳엔 우리 민족의 영웅인 광개토대왕의 찬란했던 역사가 남아 있다. 하지만 찬란했던 우리 민족의 역사가 그대로 남아 있지는 않다. 관리가 제대로 되어 있지 않았다. 중국의 입장에서 보면, 광개토대왕은 이민족의 영웅이기 때문에 많은 예산을 들여 관리할 필요가 없기 때문일 것이다.

즙안은 한때 찬란했으나 지금은 중국의 변방에 불과하다. 그러나 이 보잘것없는 도시가 한글성경 번역에서 아주 중요한 역할을 했다.

광개토대왕릉비 ©Lee

장군총 ©Lee

허물어진 고구려의 국내성 성벽은 아이들의 놀
이터가 되었다. ©Lee

한 청년이 있었다. 이곳에서 태어나 자란 그 청년은 소화제이자 위장
약이던 영신환을 팔기 위해 고향을 떠나 머나먼 선양까지 장사를 하
러 갔다. 어떻게든 가족을 먹여 살려야 하는 막중한 책임을 졌으나 어
느 순간 약도 떨어지고, 약을 팔아 번 돈도 다 떨어지고 말았다. 그때

마침 존 로스 선교사를 만났고 그가 세운 인쇄소의 식자공으로 취직하게 되었다. 바로 김청송의 이야기다. 김청송은 이런 인연으로 한글성경을 위해 식자를 짜 맞춰 배열하는 역할을 담당하게 된 것이다.

그런데 김청송은 한글성경이 인쇄되자마자 인쇄소를 그만두고 한글성경을 들고 고향으로 돌아가 복음을 전하는 전도인이 되었다. 그는 이제 영신환을 파는 사람이 아니라 성경을 팔며 전도하는 사람이 된 것이다. 성경 번역이 그의 인생을 바꿔 놓은 것이다.

존 로스의 보고서에 따르면, 김청송이 복음을 받아들인 것은 누가 가르치거나 강요해서가 아니었다. 누가복음을 조판하면서 그 자신의 열심으로 학습한 결과였다. 김청송이 중국인 식자공들보다 조판을 더디게 했다는 존 로스의 보고는 그가 재주가 없었기 때문이 아니라 말씀을 읽고 마음에 새기려 했기 때문이었음을 짐작하게 한다.[1]

김청송이 존 로스를 만난 것도 인쇄소의 식자공이 된 것도 당시엔 우연이었을지 모르지만, 하나님의 관점에선 그건 우연이 아니었다. 하나님은 김청송을 기다리고 계셨다. 아주 오래전부터 하나님은 김청송을 위해 존 로스를 만주로 보내셨고, 김청송을 위해 한글성경을 번역하게 하신 것이다. 하나님의 관심은 오직 김청송에게 있으셨다. 물론 하나님은 존 로스를 위해 김청송을 만나게도 하셨다.

즙안을 중심으로 28개 한인촌을 방문하며 성경을 전하던 김청송은 존 로스에게 아주 특별한 소식을 편지로 전했다. 즙안의 한인촌에

1   J. Ross, "The Christian Dawn in Korea", Missionary Review of World, 1890; 존 로스, 《중국선교방법론》, 최성일 옮김, 한신대학교출판부, p.44

서 많은 사람들이 세례 받기 원한다는 내용이었다. 김청송의 소식은 편지뿐만 아니라 사람을 통해서도 전해졌다. 1882년 임오군란으로 인해 평안도로 좌천된 고급 군인을 통해서였다.

주모자 중의 한 사람으로 양반이요 최고의 문학적 교육을 받은 자는 조상의 음덕으로 사형을 모면했다. 그러나 열 달 한직 생활이 계속되자 불안을 느끼고 기회를 틈타 국경을 넘어 중국 영토인 한인촌으로 갔다. 그는 나의 권서(김청송)가 책을 팔 때 그곳에 있었는데, 그 책의 내용에 관심을 갖게 되었고, 더 배우고 싶어서 이 도시로 걸어왔다.[2]

존 로스의 기록에 등장하는 그는 부유한 관리였다. 기록에 의하면 30명의 종을 거느린 자였다. 그는 존 로스로부터 복음을 듣고 한인촌으로 돌아가 김청송과 함께 성경과 복음을 뿌리는 자가 되었다. 그들을 통해 세례를 받고자 하는 사람들이 많아졌다. 1884년, 즙안의 소식을 들은 존 로스와 그의 동료 웹스터는 추운 겨울을 뚫고 세례를 주기 위해 즙안의 한인촌이 있는 골짜기로 찾아 나섰다.

(1884년) 우리들은 첫 7일 동안 마차를 타고 여행하였으나 눈이 너무 깊게 쌓이고 길이 좁아서 그다음 한 주일 동안은 나귀를 타고 갔다. 영하 20도의 추위는 우리를 몹시 괴롭혔다. 황혼에 우리는 첫 한인촌에 도착했는데, 약

2 J. Ross, "Corean Converts" MR, Dec.1891, p.208; 이만열 외, 《대한성서공회사1. 조직·성장과 수난》, 대한성서공회, p.107 재인용

즙안 한인촌이었던 이양자 마을의
골짜기 ©Lee

30명의 흰 두루마기를 입은 사람들이 우리를 반갑게 맞아 주었다. (중략) 2년 전에 그들의 생에 큰 변화가 일어났다. 그것은 그리스도의 복음이 이 골짜기에 들어온 것이다. 그리하여 수백 명의 사람들이 구원의 길을 찾아 날마다 즐거운 생활을 보내고 있다. 이 운동의 유래와 과정과 그 결과는 하나같이 놀라운 것이다. 한 명의 선교사도 찾아온 일이 없는 이곳에, 다만 선양에 와서 진리의 영향을 받았던 몇 사람의 개인적인 증거와 함께, 로스에 의해 준비되고 보내진 복음서와 소책자들이 이 놀라운 결과를 일으킨 도구들이었다. 우리가 본 일들은 우리를 겸손하게 하였다. 한 계곡에서 다른 계곡으로 가면서 매일 우리는 어제는 이교의 암흑 속에 살았으나 지금은 예수 안에서 죄 사함을 받고 하나님과 세상이 화목하게 되었다는 지식으로 인해 기뻐하는 자들을 만났기 때문이다. 우리는 다만 가만히 서서 하나님의 구원을 바라볼 수밖에 없었다. 모두 네 개의 계곡에서 75명의 영혼이 세례를 받고 교회 안으로 들어왔다. 수년 후에 이 기초가 자라서 계곡들의 기독교회가 되고,

그들의 고국에 복음을 전해 주며, 한국의 전 북부지방에 퍼지는 기독교 진리의 누룩이 될 것을 희망한다. 우리는 그들을 하나님과 그의 은혜의 말씀에 맡기고 돌아왔다. (1886년 웹스터의 기록)[3]

한 명의 선교사도 찾아온 일이 없는 이곳에, 다만 선양에 와서 진리의 영향을 받았던 몇 사람의 개인적인 증거와 함께, 로스에 의해 준비되고 보내진 복음서와 소책자들이 이 놀라운 결과를 일으킨 도구들이었다고 웹스터는 기록했다. 그것은 하나님이 하신 일이었다. 하나님이 하신 그 놀라운 일들을 눈으로 목격한 웹스터, 그의 희망은 어떻게 되었을까?

그의 기도처럼 그곳엔 교회가 세워졌다. 그다음 해에 다시 방문한 로스는 25명에게 더 세례를 줄 수 있었다. 그리고 웹스터의 소망처럼 북쪽 지방과 조선의 전체 지역에 복음이 퍼져 나갔다. 김청송이 전한 성경이 누룩이 된 것이다. 웹스터의 소망이 분명하게 이루어진 이유는 그 소망이 단지 웹스터의 소망이 아니라 하나님의 소망이었기 때문이다. 하나님은 자신의 계획을 소망 중에 바라는 자들을 사용하여 일하신다.

비포장도로를 달려 들어간 골짜기 안, 그곳에는 이양자교회 터가 아직 남아 있었다. 골짜기골짜기마다 뿌려진 복음의 씨앗은 그렇게 자라났다. 하지만 지금은 터만 남아 있을 뿐 그 뜨겁던 흔적은 찾아

3 "A Bright Light in Northern Korea", Foreign Mission, Sept.1886, p.151-152; 옥성득 《첫 사건으로 본 초대 한국교회사》, 짓다, p.69 재인용

이양자 마을 골짜기 깊숙한 곳에 남아 있는 이양자교회 터 ©Lee

커다란 바위엔 '耶蘇敎 初立 1898 됴선人'(야소교 초립 1898 조선인)이라고 적혀 있다. 김청송에 의해 한글성경이 전해진 후 이곳엔 자체적으로 교회가 세워졌다. 하지만 중국인들의 핍박으로 교회가 불탄 후, 모두 이곳을 떠났는데, 떠나기 전 이곳이 교회의 터라는 사실을 기억하기 위해 누군가 바위에 새긴 것 같다. ©Lee

볼 수가 없다. 과연 하나님은 그렇게 뿌린 씨앗을 방치하셨을까? 아니다. 그 씨앗은 우리가 알지 못하는, 감히 사람이 알지 못하는 하나님만의 계획 안에서 여러 곳으로 퍼져 나갔을 것이다. 그리고 지금 이글을 읽고 있는 당신에게도 이미 씨앗을 심으셨을 것이다. 그 씨앗은 140여 년 전부터 예비된 씨앗인 셈이다. 아니, 2천 년 전부터 예비된 씨앗이다.

당시 중국인들은 그들의 신앙 운동과 집회를 반란 음모로 오해하고 조선 사람들을 골짜기에서 쫓아내기 시작했다. 한인촌의 조선 사람들은 그들에게 쫓겨 다시 압록강을 건너 조선으로 돌아와 여기저기

다리 건너 보이는 땅이 북한이다. 즙안은 역시 북한과 국경을 맞대고 있다. 다리 하나만 건너면 북한 땅으로 갈 수 있고, 바로 눈앞에서 그들의 삶을 볼 수 있다. 한때는 많은 조선 사람이 국경을 넘어 이곳에 들어와 살았다. 그리고 한글성경을 통해 복음을 접한 뒤 중국인들의 핍박으로 쫓겨나 압록강을 건너 다시 조선(지금의 북한)으로 돌아가 복음의 씨앗이 되었다. ⓒLee

중국 내 조선족 삼자교회인 즙안시 기독교회. 교회 옆에는 교육관이 있는데, 교육관 앞에는 기념 비석이 세워져 있다. 기념비엔 '청송 선교 교육관 2003년 10월 20일'이라고 적혀 있는 걸로 봐서 2003년 가을에 세워진 것으로 보인다. ⓒLee

흩어져 살았다. 그리고 그 흩어진 지역 곳곳에서 그들은 복음의 씨앗이 되었다. 디아스포라의 고난을 통해 복음은 더 넓게 확산되어 간 것이다. 그 씨앗의 가장 중요한 역할을 한 것이 한글성경임은 두말할 나위가 없을 것이다.

한편, 번역된 한글성경은 백홍준을 통해 의주와 이웃 지역들에 퍼져 나갔다. 의주에서는 이미 신앙공동체가 형성되어 있었기 때문에, 번역된 성경은 삽시간에 퍼져 나갔다. 의주의 신앙공동체는 이로 인해 더 강하고 견고해질 수 있었을 것이다. 교회 건물이 따로 있지 않았지만 그들은 예배처소에 모여 신앙을 지켰다. 이 의주교회는 한반도 내에서 처음으로 구성된 개신교 공동체로서 이후 서울, 소래, 평양의 많은 기독교 공동체와 교회 형성에 많은 영향을 주었다.

첫 한글성경의 일부는 영국 성서공회를 통해 한반도 전역에 배포되기 시작했다. 또한 일본의 스코틀랜드 성서공회에 전달됐고, 일본인 권서가 부산과 원산의 일본인 거류지를 통해 성경을 팔기 시작했다.

한편, 앞서 말했듯이 서상륜을 통해 서울까지 성경이 전해졌다. 서상륜은 자신이 서울에서 판 성경이 이룩한 놀라운 결과를 만주의 존 로스에게 전했다. 존 로스는 이것을 다시 영국 성서공회 번역편집국장인 라이트 목사에게 보고했다. 우리는 그 편지 내용을 앞에서 살펴봤다. 다시 상기해 보면, 세례를 기다리는 사람이 70여 명 있다는 것, 서울의 서쪽에 있는 한 도시에는 설교당이 개설되었으며 그곳에 18명의 신자가 있다는 것이 편지 내용의 골자였다.

존 로스의 편지는 1885년 3월 8일에 쓰여졌다. 만주 선양에서 쓴 그의 편지는 아마도 잉커우를 거쳐 상하이로 그리고 영국으로 갔을 것이다. 존 로스가 선양에서 붙인 편지는 기차를 타고 배를 타고 다시 기차를 타고 마차를 타고 라이트 목사에게 보내졌을 것이다. 그리고 그 다음 달 4월 5일, 존 로스의 편지에 등장하는 서울의 개종자들, 세례를 기다리는 청원자들이 오매불망 기다리던 선교사가 조선에 도착했다. 편지는 상하이와 인도를 거쳐 영국으로 갔지만, 사람은 미국에서 요코하마를 거쳐 제물포에 도착한 것이다. 더욱 놀라운 사실은 언더우드와 아펜젤러는 일본에서 이수정이 번역한 성경을 들고 왔다는 것이다. 하나님은 이미 오래전부터 이 모든 것을 준비시키셨음이 분명하다. 그분은 사람의 생각과 방법이 아니라, 사람의 예상과 기대를 뛰어넘는 넓은 품으로 과거와 현재와 미래를 주관하고 계신 하나님이시다.

기록된 바 하나님이 자기를 사랑하는 자들을 위하여 예비하신 모든 것은 눈으로 보지 못하고 귀로 듣지 못하고 사람의 마음으로 생각하지도 못하였다 함과 같으니라 고린도전서 2:9

이것이 기적이 아닐까? 사람의 생각보다 더 좋은 것을 주시는 하나님, 한 사람을 사용하지 않으시고 여러 사람이 협력하게 하시는 하나님, 그 일을 통해서 그분의 일을 이루시는 하나님, 그분은 선교하는 하나님이시다.

앞서 이야기한 백홍준을 통해 성경은 압록강을 건너 의주로 들어갔고, 그곳에 교회가 세워지기 시작했다. 물론 여기서 말하는 교회는 건물을 뜻하는 교회를 의미하는 것은 아니다. 1887년 11월 선교사로서 처음으로 의주를 방문한 언더우드는 다음과 같은 기록을 남겼다.

> 북부지방 전역에 걸쳐, 중국으로부터 이루어진 광범위한 씨 뿌림과 반포된 책들은 효과가 있었음이 분명했고, 그런 방식의 효과적인 사역의 기회가 그 어느 곳보다 많아 보였다. 따라서 타 지방에서도 본토인들이 책들을 팔고 반포하기 위해서 고용되어 있었지만 선교사들의 노력이 주로 이곳으로 모아졌고, 그들의 여행도 거의 북쪽으로 이루어졌다. 가장 유망한 사역이 의주에서 시작되었는데, 한번은 주변 마을과 군들로부터 세례 받고 입교하기를 원하는 100명이 넘는 남자들이 모여들었다.[4]

1888년, 언더우드의 또 다른 기록에도 세례 청원자에 대한 소식을 전하고 있다.

> 안주에는 백여 명의 신자가 있다고 하며, 개천에도 상당수가 있다고 합니다. 평양에는 우리 권서인의 보고에 따르면 세례 받을 만한 22명의 세례 신청자와 다수의 신자들이 있습니다. 현재 우리 교회는 거의 20명의 수세 교인과

---

4   H.G.Underwood, The Call of Korea, pp.137-138; 이만열 외, 《대한성서공회사 1. 조직·성장과 수난》, 대한성서공회, p.111 재인용

더 많은 수의 세례 신청자가 있습니다. 이 모든 것이 좋은 소식이 아닙니까?[5]

조선 사람들은 세례 받는 것으로 안주하지 않았다. 그들은 교회를 원했다. 예배드릴 교회를 간절히 원했고, 교회 건축을 위해 돈을 모으기도 했다. 이 또한 언더우드의 기록에 남아 있다.

그들은 교회 건물을 원합니다. 200,000전은 그들이 모을 테니, 적당한 집을 사서 예배당으로 꾸밀 나머지 돈을 빌려 달라고 부탁했습니다. 3년간 돈을 빌리되 집문서는 우리에게 맡기겠다고 합니다. 얼마나 빌리려고 하는지 알 수 없지만, 200,000전 내지 300,000전, 곧 200불이나 약간 더 많은 액수일 것입니다. 이런 경우에 어떻게 해야 합니까? 더 북쪽에 있는 개천에도 신자들이 있는데, 그들 20~30명은 150,000전을 모아 놓고 우리의 도움을 바라고 있습니다.[6]

의주 사람들은 세례를 줄 선교사를 서울에 요청했고, 정부의 규제로 여행이 자유롭지 않던 언더우드는 1889년 신혼여행을 핑계로 간신히 여행 허가를 받아 의주로 왔다. 그곳에서 세례문답을 통해 세례 받기로 한 33명은 언더우드와 함께 배에 올랐다. 중국과 조선 땅에서는 전도활동이 금지되어 있었으므로, 그들이 생각해 낸 묘책은 압

---

5   Underwood to Ellinwood, Feb.6.1888

6   Underwood to Ellinwood, April.2.1888

압록강. 단동의 단교 위에서 촬영했다. 왼쪽은 북한 신의주, 오른쪽은 중국 단동이다. 낮은 건물들만 있는 왼쪽과 고층 건물이 있는 오른쪽 광경이 대조적이다. ⓒLee

록강을 건너 만주에서 세례를 받는 것이었다. 사람들은 이 세례를 한국의 요단강 세례라고 불렀다.[7] 성경 번역자이며 전도자로 큰 역할을 감당한 백홍준과 이성하의 아내도 이즈음 세례를 받았는데, 이들은 개신교 첫 여성 세례자들이 되었다.

한편, 성경은 앞서 말한 김청송을 통해 간도 지역에 급속도로 퍼져 나갔다. 서상륜과 그의 동생 서경조를 통해서는 소래까지 전해졌다. 1887년 1월. 겨울의 매서운 추위를 뚫고 소래에서 서울로 세례를 받으러 온 사람들이 있었다. 서경조, 차명오, 정공빈이었다. 이들은 서상륜이 전한 성경을 읽고 세례를 받고자 한 사람들이었다. 선교사를 통해 성경 공부를 한 것도 아닌데도 그들의 신앙은 놀라웠다. 그들 삶에서 살아 있는 말씀이 일하고 있었던 것이다. 그들의 놀라운 믿음은 언더우드의 기록에 남아 있다.

7   최재건, "한국기독교 초석 놓은 언더우드", 국민일보(2014년 8월 26일)

세례 요청자들은 모두 신실한 자들임이 증명되었습니다. 이들은 로스가 북쪽에서 뿌린 씨앗에서 맺어진 열매의 일부입니다. 로스 목사는 한 사람(서상륜)에게 세례를 주고 그에게 한글 및 한문성경을 들려 내려보낸 후 그것들을 가지고 그(서상륜)가 어떻게 하는가 보았습니다. 그는 이것들을 가지고 활동해 왔으며 지금은 세례 지원자가 약 20~30명에 이르고 있다고 합니다. (중략) 우리는 3명을 문답했는데, 그들은 훌륭하게 문답에 통과했습니다. 기독교의 근본들과 구원 교리를 잘 알고 있는 것 같았습니다. 그들의 대답은 명백했고 정확했습니다. 그들은 자기들의 목숨이 위험할 것이라는 사실도 인식하고 있었습니다. 그들 중 한 명은 하나님께서 우리를 구원해 주셨으니 임금님이 우리를 처형한다 해도 괜찮습니다, 라고 말했으며 다른 한 명은 하나님을 섬긴다는 이유로 임금이 내 목을 자른다 해도 상관하지 않겠습니다, 라고 고백했습니다. 이러한 증언을 하고 세례를 받겠다고 했으므로 우리는 허락하지 않을 수 없었습니다. 이 사람들은 지금까지 주일마다 예배를 드려 왔으며, 그 소식을 전하려고 애쓰고 있고 각자가 모두 빛을 비추는 자들이 되기를 소원하고 있습니다.[8]

서울에는 세례 청원자가 급속히 증가하고 있었다. 서상륜과 백홍준의 권서 활동으로 퍼진 성경은 가난한 서민에서부터 높은 관리까지 다양한 계층의 사람들에게 영향을 미치고 있었다. 이는 한글성경의 보급과 조선인 권서 활동에 기댄 바가 큰 것이었다.

8   Underwood to Ellinwood, Jan. 22. 1887)

나는 한국에 복음의 씨를 뿌리러 왔는데 열매를 거두기에 바쁘다.(언더우드)[9]

언더우드는 조선이라는 땅에 오자마자 열매를 거두기에 바빴다. 하나님의 일하심이 이 땅에 가득하다는 사실이 얼마나 감동적으로 다가왔을까? 그 감동과 은혜로 언더우드는 평생을 이 땅을 위해 헌신한 것이 아닐까?

1887년 9월 27일, 존 로스가 서울에 왔다. 14명의 교인으로 새문안교회가 조직되는 역사적인 자리에 참석하기 위해서였다. 그는 그때의 일을 기록했다.

교회를 세운 세례교인 14명 중에 13명이, 봉천(선양)에서 온 그 사람이나 그 뒤를 이어 봉천을 떠났던 다른 사람의 전도로 개종한 사람들임이 확실하다. 그러나 무엇보다도 가장 흥미로운 사실은 그들과 같은 계층의 신자가 300명이 넘는다는 사실이다. 비록 그들이 여러 가지 이유로 아직 공식적으로 교회에 가입할 준비가 되지는 못했지만, 서울에 확실히 존재한다는 것이다.[10]

새문안교회는 이렇듯 조선 사람들의 자립 의지로 세워졌다. 그 토대 위에 서양 선교사들의 헌신이 더해졌다. 존 로스는 놀라웠을 것이다. 불과 10년 전에 시작된 한글성경 번역으로 인해 선교사가 들어

---

9   H.G.Underwood, The Call of Korea

10   J.Ross, "The Christian Dawn in Korea, "Missionary Review of the World3, April.1890, p.247

오기도 전에 믿음의 뿌리가 심기고, 교회가 세워진 것을 보고 존 로스는 그것이 바로 말씀의 능력임을 체감했을 것이다. 하나님이 말씀을 통해 이루어 가시는 이 놀라운 기적의 현장을 존 로스는 두 눈으로 목격하고 있었던 것이다.

> 풀은 마르고 꽃은 시드나 우리 하나님의 말씀은 영원히 서리라 하라 아름다운 소식을 시온에 전하는 자여 너는 높은 산에 오르라 아름다운 소식을 예루살렘에 전하는 자여 너는 힘써 소리를 높이라 두려워하지 말고 소리를 높여 유다의 성읍들에게 이르기를 너희의 하나님을 보라 하라 이사야 40:8-9

그들은 이 놀라운 기적을 예상하지 못했을지라도 분명 믿었을 것이다. 그리고 기도했을 것이다. 하나님께서 그 일들을 이루어 달라고, 그리고 그 일들이 이루어지기를 믿음의 눈으로 선포했을 것이다. 일어날 일들에 감사하다고.

기도와 말씀의 힘으로 성경을 전하던 초기 권서인과 전도자들은 많은 고난을 당했다. 백홍준은 압록강을 건너 성경을 밀반입하려다 두 번이나 옥고를 치렀고, 전 재산을 잃었다. 그럼에도 그는 옥고로 인한 건강 악화로 소천하기까지 성경 전하는 일을 그의 사명으로 여겼다. 수없이 많은 권서인과 전도인들이 만주의 험한 산지를 넘어 다녔다. 영하 수십 °C를 오르내리는 추위와 바람을 뚫고 다녔다. 지금은 비행기도 있고, 기차도 있고, 자동차도 있지만, 그들은 짐이 많을 때는 조랑말로, 적을 때는 걸어서 이동했다. 이 땅의 복음은 이렇듯 그들의 뜨거운 한 걸음 한 걸음으로 전해졌다.

> 너희는 이전 일을 기억하지 말며 옛날 일을 생각하지 말라 보라 내가 새 일을 행하리니 이제 나타낼 것이라 너희가 그것을 알지 못하겠느냐 반드시 내가 광야에 길을 사막에 강을 내리니 장차 들짐승 곧 승냥이와 타조도 나를 존경할 것은 내가 광야에 물을, 사막에 강들을 내어 내 백성, 내가 택한 자에게 마시게 할 것임이라 이 백성은 내가 나를 위하여 지었나니 나를 찬송하게 하려 함이니라 이사야 43:18-21

그들은 성경을 번역하고 그것을 배포하면서 절대적인 말씀의 힘을, 하나님의 일하심을, 선교의 주권이 선교사가 아닌 하나님에게 있음을 눈으로, 귀로 경험했을 것이다. 그 놀라운 은혜는 그들의 마음속에 더 강한 믿음을 만들어 냈을 것이다. 은혜가 아니면 어떻게 그 일들을 감당할 수 있겠는가. 은혜로 더 강한 믿음을 소유하게 된 그들은 이 땅에 부흥의 불길을 일으키고 있었다.

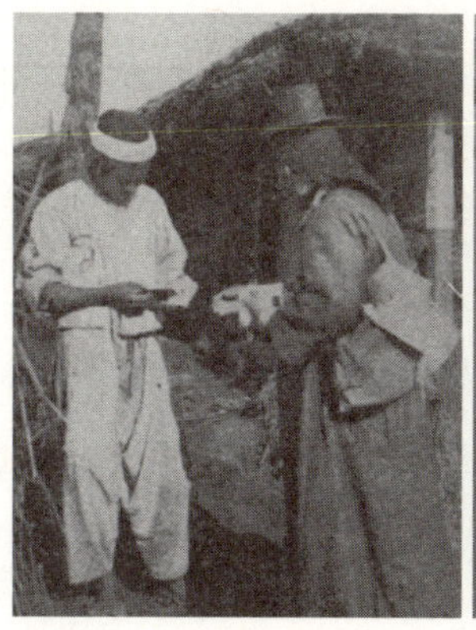

초기 한국 기독교의 권서인들

159

9

부흥

◊

한 남자가 일어나더니
교회에서 멀지 않은 계곡에서 사람을 죽였다고 고백했다.
그는 그렇게 말하고 나서 강단 앞에서 의식을 잃었고,
우리가 많이 애쓴 뒤 겨우 정신을 차렸다.
그러한 죄는 본성 전체가 죽음과 싸우면서
만신창이가 되지 않는 한 고백할 수 없다.
- 헌트 선교사

◊

성경은 한 번 번역되고 끝나는 것이 아니다. 만주에서 번역된 한글성경과 일본에서 이수정에 의해 번역된 한글성경은 서로 장단점이 있었다. 조선에 온 선교사들은 그 장단점을 모아 개정 작업에 들어갔다. 1887년 서울의 선교사들은 성경번역위원회(Committee for Translating the Bible into the Korean Language)를 조직하여 본격적인 개정 번역 사업에 착수했다. 물론 그 개정 작업에서 조선인 번역자들이 중요한 역할을 담당했다.

언더우드, 스크랜턴, 아펜젤러, 헤론으로 구성된 번역위원회는 각자 자신들에게 맡겨진 사역을 성실하게 수행하는 동시에 성경 번역 일을 게을리하지 않았다. 그들은 성경 번역이 얼마나 중요한 일인지 잘 알았다. 그들은 자신들이 이 땅에 들어오기 전에 번역된 한글성경이 어떤 일을 하고 있었는지를 두 눈으로 본 목격자였고 증인이었다. 조선 사람들도 개정된 한글성경을 필요로 했을 것이다.

1900년, 20세기가 시작된 그 해, 마태복음부터 요한계시록까지 신약 전체를 수록한 한글성경이 두 번째로 간행되었다. 그러나 그중에는 번역위원회의 검증을 거치지 않은 것도 있었다. 다시 말해 번역은 되었지만 그 번역에 오역이 있는지, 다른 의미 전달로 인한 오해의 소지가 있는지를 완전히 검증하고 수정해서 간행한 성경이 아니었다.

왜 충분히 검증을 거치지 않고 이렇게 급하게 신약 전체를 묶은 성경을 낸 것일까? 그것은 명확한 필요와 요구 때문이었다. 1891년 미북감리교 연례보고서에는 당시 한국 기독교계가 강력히 요구한 성경 번역 재촉에 대한 내용이 담겨 있다.

> 한문성경을 제외하고는 현재 성경의 적은 부분만 이용될 수 있기 때문에 될 수 있는 대로 빨리 성경 번역을 서둘러 달라는 간절한 요청이 있었다.[1]

그랬다. 기록에서 알 수 있듯이 한글성경의 수요가 예상보다 많아 될 수 있는 대로 빨리 성경을 번역해 달라는 간절한 요청이 있었던 것이다.

1882년 만주에서 최초로 번역된 한글성경 《예수셩교 누가복음젼셔》가 출간되었고, 1885년에는 일본에서 이수정에 의해 국한문 혼용체의 《신약마가복음셔언해》가 출간됐다. 1887년에는 복음서와 서신서, 예언서 등을 모아 《예수셩교젼셔》가 출간됐다. 그해 서울의 선교사들은 성경번역위원회를 조직해 본격적인 번역 사업에 착수했다. 이후 1893년에 종래의 성경번역위원회를 상임성경실행위원회(Permanent Executive Bible Committee)로 개편하고 보다 체계적인 성경 번역을 시작했다.[2] 그리고 이 상임성경실행위원회를 통해 1911년 최초의

1　Ar of msmec for 1891, p.274; 이만열 외, 《대한성서공회사1. 조직·성장과 수난》, 대한성서공회 p.235 재인용

2　한국기독교역사학회, 《한국 기독교의 역사》, 기독교문사, p.154

한글 구약전서인 《구약젼셔》가 출간된 데 이어 최초의 한글 신구약전서인 《셩경젼셔》가 출간되기에 이르렀다. 1877년, 존 로스 선교사와 이응찬을 통해 시작하신 하나님의 성경 번역 사업이 34년의 세월을 거치는 동안 수많은 사람들의 연합된 헌신이 모아져 신구약을 모두 수록한 《셩경젼셔》로 결실을 맺게 된 것이다.

하지만 그것은 또 다른 시작에 불과했다. 이후로도 개정 작업이 꾸준히 이어져 왔기 때문이다. 개정 작업은 성경을 더 정확하게 번역하고, 더 많은 사람들이 읽을 수 있게 하는 데 목적이 있었다. 따라서 선교사들과 조선인 번역자들은 지식이 부족한 사람들에서부터 유식한 사람들까지 모두를 아우르는 번역을 하고자 힘썼다. 당연히 단어 하나를 선택하는 데도 매우 신중해야 했다.

계층과 계급을 뛰어넘어 이 땅의 모든 사람이 읽을 수 있는 성경, 그것은 하나님의 마음일 것이다. 하나님은 그 마음을 이 땅의 선교사들에게 부어 주셨다. 언더우드의 기록에 그런 마음이 드러난다.

> 번역자가 일상 언어에 익숙해지기 위한 노력의 일환으로 그 목적에 부합되는 유능한 조력자를 얻으려 애썼고 그 결과 뛰어난 학자들을 얻었다. 그러나 그렇게 됨으로 인해 번역자가 일반 민중과 밀접한 관계를 유지하지 못할 경우에는 유식층 문체를 습득하여 번역 일을 목적으로 삼고 있는 바 대다수 민중이 이해할 수 없는 말을 만들어 낼 위험에 빠질 우려가 있었다. 번역위원회는 고급 유식층 문체와 일반 대중 문체 사이에서 고심에 고심을 거듭했다.

한글성경 번역자들

앞줄 왼쪽부터 레이놀즈, 언더우드, 게일, 존스, 뒷줄 왼쪽부터 문경호, 김명준, 정동명
-
World-wide Missions, May.1903; 옥성득, 《한반도 대부흥》, 홍성사, p184 재인용

뒷줄 왼쪽부터 김정삼, 김명준, 이창직, 앞줄 왼쪽부터 레이놀즈, 언더우드, 게일

왼쪽부터 이승두, 김정남, 레이놀즈

아주 무식한 사람들까지도 이해할 수 있도록 문체가 간결하면서도 식자층의

마음에도 들도록 깔끔하고 순수한 것을 추구하였다.(1911년)[3]

이렇듯 다양한 계층을 염두에 둔 성경 번역은 한글 보급화에도 많은 기여를 했다. 또한 신분질서가 깨지는 데도 많은 영향을 주었을 것이다. 이미 구한말에는 신분질서가 무너진 상태였지만, 그럼에도 사람들은 여전히 계급적으로 사고하고 행동했다. 그런 조선 사람들에게 기독교는 양반이나 중인이나 평민이나 천민이나 모두 같은 한글성경을 보고 한 교회에서 함께 예배드리며 부자든 가난하든 차별하지 않는 매우 혁명적인 종교였다.

한 권의 성경이 우리말로 옮겨지기까지 스코틀랜드, 영국, 미국, 캐나다, 호주 등의 선교사들이 헌신했고, 이응찬, 서상륜, 김진기, 백홍준, 이성하, 이수정 등 수십 명의 조선인 번역자들이 힘을 쏟았다. 또한 중국의 문광서원과 일본의 요코하마 복음인쇄소, 한국의 삼문출판사에서 수없이 많은 버전과 개역 과정을 거친 성경들이 인쇄되었다. 그 노고 가운데는 안타까운 일도 있었다.

1902년 6월 11일 아펜젤러와 그의 조사였던 조성규는 번역위원이던 레이놀즈를 만나러 구마가와 마루호를 타고 목포로 향하고 있었다. 목포에서 열리는 번역자회의에 참석하기 위해서였다. 하지만 아펜젤러와 조성규가 탄 배는 밤 10시쯤, 일본 상선 기소가와 마루와 충

---

3   H.G. Underwood, Bible Translating, 10.1911, kmf, vol.7

마량진 앞바다에서 바라본 어청도 인근. 저 바다 어딘가에서 아펜젤러와 조성규가 순교했다. ©Lee

돌하면서 바닷속으로 침몰하고 말았다. 전해지는 이야기에 의하면, 아펜젤러는 배가 침몰하는 중에도 정신여학교 학생과 조사인 조성규를 구하기 위해 찾다가 결국 익사했다고 한다. 군산 근처의 어청도 앞바다에서였다.[4]

한글성경의 씨앗이 이미 뿌려진 밭, 그 밭에 들어온 선교사들은 사역의 날개를 달게 되었다. 서양과 완전히 다른 조선의 문화와 환경 속에서 선교사들은 하나님만 바라보며 사역에 헌신했다. 물론 개중에는 자신의 부를 축적하는 데 더 관심이 많았고 조선 사람을 노예 부리듯이 했으며, 하나님의 뜻에 순종하지도 헌신하지도 않은 선교사도 있었다. 하지만 하나님은 헌신된 선교사들을 통해 신실하게 일하셨다.

4 황성신문(皇城新聞)(1902년 6월 16일)

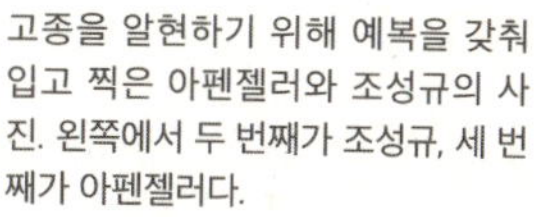

고종을 알현하기 위해 예복을 갖춰 입고 찍은 아펜젤러와 조성규의 사진. 왼쪽에서 두 번째가 조성규, 세 번째가 아펜젤러다.

구마가와 마루 호. 마량진에 있는 아펜젤러순직기념관에는 아펜젤러와 조성규가 탔던 당시의 배 모형이 전시되어 있다. ⓒLee

전 세계 여러 나라, 미국, 캐나다, 호주, 영국, 스코틀랜드 등에서 온 선교사들은 조선의 각 지역에 퍼져 의료사역, 교육사역, 긍휼사역, 문화사역 등을 해 나갔다. 그리고 그 열매는 1885년부터 1905년까지 20여 년간 불길처럼 번져 갔다. 그 불길의 기름은 한글성경이었다. 어려운 한문성경이 아닌, 누구나 쉽게 읽을 수 있는 우리말로 된 한글성경을 읽고 좋은 밭이 된 사람들은 선교사들의 사역에 반응하고 복음을 기쁨으로 받아들였다.

이제 사람들은 쪽복음이 아니라, 신약 전체가 묶여진 성경을 요구했다. 더 나아가 신약과 구약을 통합한 성경을 갖고 싶어 했다. 성경은 여러 이야기를 묶은 책이 아니라 각 책을 따로 떨어뜨려 읽을 수 없는 하나의 이야기이기 때문이다. 《성경전서》의 출간은 하나님께서 드디어 그 많은 사람들의 수고와 헌신을 통해 이 땅의 언어로 이 땅의 글로 말씀하시기 시작한 역사적 순간이었다. 그러나 하나님의 계획은 여기서 끝난 것이 아니었다. 여태까지의 시간은 오히려 앞으로 다가올 엄청난 일을 준비한 시간이었을 뿐이다.

한글성경의 보급은 자연스럽게 사경회로 이어졌다. 사경회(査經會)는 일정한 기간 동안 교인들이 성경을 읽고 공부하는 모임을 뜻한다. 성경을 처음부터 끝까지 읽어 본 사람들은 안다. 성경을 읽으며 느끼는 그 재미와 기쁨, 그리고 감동과 은혜를 말이다. 아마도 당시 사람들은 사경회를 통해 성경을 읽고 성경을 이해하게 되면서 여태까지 느껴 보지 못한 하나님이 주시는 감동과 은혜를 느꼈던 것이 분명하다.

사경회 제도는 한국 사역의 특징이다. 각 교회는 연중 한때에 일주일이나 그 이상의 기간을 성경 공부를 위해 지정한다. 모든 일은 중단된다. 유대인이 안식일을 지키듯이 한국의 기독교인은 기도하고 하나님의 말씀을 공부하기 위해 이 시간을 거룩하게 지킨다. 그런 중단없는 성경 공부는 전체 교회의 각성, 사랑과 섬김의 참된 부흥으로 이어지게 마련이다.(윌리엄 블레어, 1910년)[5]

5　William Blair, The Korea Pentecoast, 1910, pp.67-68; 옥성득, 《한반도 대부흥》, 홍성사, p.179 재인용

한편, 조선은 풍전등화처럼 위태로웠다. 1894년에 동학농민혁명, 1894년과 1895년에 청일전쟁, 1904년과 1905년 사이에 러일전쟁이 숨 돌릴 새 없이 일어났다. 청일전쟁과 러일전쟁은 우리와 상관없는 전쟁이지만 이 땅에서 피를 흘린 전쟁이었다. 누가 조선을 차지할 것인가를 두고 자웅을 겨루는 전쟁이었다. 나라는 껍데기만 남은 상태였고 이 혼란을 이용해 자기 잇속을 채우려는 부패한 관리들이 득세했다.

결국 러일전쟁에서 일본이 승리하면서 조선은 일본의 지배하에 놓이게 됐다. 1905년 을사조약으로 대한제국은 모든 외교권을 박탈당했다. 그러자 전국 곳곳에서 의병이 일어나 일본군에 저항했다. 해산된 군인들도 의병에 가담해 일제에 저항했다. 그러나 시대의 흐름을 바꿀 수는 없었다. 수많은 사람이 피를 흘리며 죽어 갔다. 한편, 고종은 헤이그 밀사를 파견해 일본이 강제로 조선을 빼앗은 사실을 전 세계에 알리고자 했다. 그러나 이 일로 고종은 1907년 강제로 퇴위당했다. 고종의 아들 순종이 그 뒤를 이어 왕위에 올랐으나 왕으로서 어떤 실권도 가질 수 없는 이름뿐인 자리였다.

1910년 대한제국은 주권이 없는 나라가 되었다. 일제 강점기가 시작된 것이다.

나라를 잃은 백성들은 희망을 상실했다. 일본은 이제 본격적으로 그 악랄한 속성을 드러내기 시작했다. 강제 동원과 노역으로 끌고 가는가 하면, 평생 일구던 땅을 빼앗고, 우리말도 하지 못하게 목소리를 앗아 갔다. 가난과 생이별, 나라 잃은 식민 백성의 설움으로 백성들은 극심한 고통을 겪어야 했다.

그러나 하나님은 이 땅을 다시 세우길 원하셨다. 부흥은 그렇게 아주 낮은 곳에서, 더 이상 떨어질 수 없는 고통과 고난 속에서 그 밑바닥을 다시 박차고 일어나는 것인지도 모른다. 내가 할 수 있는 것이 아무것도 없을 때, 그 고백이 나올 때 말이다.

내가 알거니와 여호와는 고난 당하는 자를 변호해 주시며 궁핍한 자에게 정의를 베푸시리이다 시편 140:12

의인은 고난이 많으나 여호와께서 그의 모든 고난에서 건지시는도다 시편 34:19

고난 당한 것이 내게 유익이라 이로 말미암아 내가 주의 율례들을 배우게 되었나이다 시편 119:71

서울을 비롯한 전국에서 사경회가 급속도로 퍼져 나갔다. 이 같은 사경회의 확산은 무엇보다 한글성경이 그만큼 확산되었기 때문이기도 하고 성경을 읽은 사람들의 열망이 컸기 때문이기도 했다. 새벽기도도 이즈음에 자연스럽게 시작되었다.

이 사람들의 열심은 놀랍다. 이 사경회에서 새벽기도회가 시작되었다. 아침 해가 올라오기 훨씬 전에 찬송하고 기도하며 성경을 공부하는 소리가 옆 방에서 들렸다. 같은 찬송들을 하루 종일 밤늦게까지 들을 수 있다.(그레함 리 Graham Lee와 휘트모어N. C.Whittenmore)[6]

사경회의 확산에는 네비우스의 선교정책도 큰 역할을 했다. 네비우스는 토착화 선교 방법론을 폈는데 이것이 언더우드에 의해 채택된 것이다. 네비우스의 토착화 선교 방법론에는 "사경회를 열어 영수들을 교육시키라"는 내용이 구체적으로 제시되어 있다. 교회 내 평신도 중에 신앙이 특출한 사람을 '영수'라는 직으로 세우고 그로 하여금 성경반(Bible Class)을 만들어 새신자들에게 성경을 가르치도록 하라는 것이다. 네비우스는 설교보다 가르침에 더 역점을 두라면서 교사는 성령의 인도를 구하며 가르칠 것을 강조했다. 그는 또한 사경회의 운영 방안까지 구체적으로 제시했다.[7]

사경회를 통해 사람들은 성경을 더 깊이 알게 됐고 그럴수록 말씀을 사모하고 갈급한 심령으로 찾게 되었다. 이것은 자연스럽게 회개와 부흥으로 이어졌다.

이르시되 때가 찼고 하나님의 나라가 가까이 왔으니 회개하고 복음을 믿으라 하시더라 마가복음 1:15

---

6   옥성득,《한반도 대부흥》, 홍성사, p.191
7   정일웅, "사경회(査經會)와 평양 대부흥운동의 역사적 의의", 한국개혁신학회

예수께서 대답하여 이르시되 건강한 자에게는 의사가 쓸 데 없
고 병든 자에게라야 쓸 데 있나니 내가 의인을 부르러 온 것이
아니요 죄인을 불러 회개시키러 왔노라 누가복음 5:31-32

그러므로 너의 이 악함을 회개하고 주께 기도하라 혹 마음에 품
은 것을 사하여 주시리라 사도행전 8:22

1903년 8월, 원산에서 활동하던 캐나다 장로교 매컬리(H.D.MaCallie)
선교사와 중국에서 활동하다 1900년 의화단 사건으로 내한한 남감리
교 소속의 화이트(M.C.White) 선교사가 성경 공부와 기도회를 열었다.
성경 공부는 하디(Robert A. Hardie) 선교사가 맡았다.[8] 그는 성경 공부를
인도하면서 자신의 무능함과 신앙적인 허물을 사람들 앞에서 회개하
고 용서를 구했다.

하디의 고백은 조선 사람들이 회개가 무엇인지를 분명히 알게 된
계기였다. 이후 조선 사람들의 회개가 시작되었다. 권서인이던 윤승
근은 선교사의 돈인 7달러를 훔친 적이 있다고 고백하며 그 돈을 돌
려주었고, 20년 전에 4달러에 달하는 돈을 임금으로 더 받은 걸 말하
지 않은 죄도 고백했다.[9]

로스 선교사의 한글 교사였던 진천수는 무지로 인해 아내를 죽

8 　한국기독교역사학회, 《한국 기독교의 역사1》, 기독교문사, p.221

9 　Minutes of the Seventh Annual Meeting, Korea Mission Methodist Episcopal Church, South,
1904, 28; 박용규, 《평양 대부흥운동》, 생명의말씀사, p.60 재인용

게 만들었다고 공개적으로 자신의 죄를 고백했다. 그는 아내가 19세가 되던 새해에 수개월간 앓은 병으로 세상을 떠났을 때 친구들과 명절을 보낼 수 없게 된 것을 원망하고 저주했다고 말했다. 병석에 있는 동안에도 허구한 날 술을 마시며 방탕하게 생활했다고 했다. 그는 또한 그동안 자신이 미워한 사람들에게 용서를 구했다.[10]

양반 가문 출신의 진천수가 공개적으로 회개한 일은 당시 사람들에게 큰 충격이었다. 아직 신분질서가 잔재된 상황에서 양반이 평민들 앞에서 자신의 죄를 고백하고 심지어 용서를 구한 일은 신앙이 아니라면 상상도 할 수 없는 것이었다. 원산에서 이렇게 시작된 회개 운동은 서울과 개성, 평양, 인천 등지로 확산되어 갔다. 그것은 1907년 평양 대부흥의 서막이었다.

평양 대부흥 운동은 평양 장대현교회에서 1907년 1월 2일부터 15일까지 열린 남성 중심의 사경회(查經會)에서 시작되었다. 공식적인 명칭은 평안남도사경회다. 1907년 겨울 사경회에 약 천 명가량이 참석했다. 지금까지 열린 사경회 중 가장 많은 사람들이 참석한 것이었다. 그런데 사경회가 끝날 즈음엔 그 수가 2천 명 가까이로 늘었다. 과연 이 2주간 평양 장대현교회에선 무슨 일이 있었던 걸까? 이를 두고 왜 평양 대부흥이라고 부르는 걸까?

당시 상황을 조지 매큔(George McCune)의 편지가 기록하고 있다.

10 박용규, 《평양 대부흥운동》, p.52 재인용

우리는 매우 놀라운 은혜를 경험하고 있습니다. 성령께서 권능 가운데 임하셨습니다. 장대현교회에서 모인 지난밤 집회는 최초의 실제적인 성령의 권능과 임재의 현시였습니다. 우리 중 아무도 지금까지 이전에 그 같은 일을 경험하지 못했으며, 우리가 웨일스, 인도 등에서 일어난 부흥운동에 대해 읽었지만, 이번 장대현교회의 성령의 역사는 우리가 지금까지 읽었던 그 어떤 것도 능가할 것입니다.(1907년 1월 15일)[11]

당시 상황은 선교사들도 경험해 보지 못한, 책이나 기사를 통해서만 읽었을 그런 놀라운 임재의 현시였다. 매큔의 또 다른 기록에 의하면 300리, 360리를 달려온 사람도 있었다고 한다. 360리는 약 140km의 거리다. 서울에서 자동차로 고속도로를 달리면 청주 혹은 대전 정도의 거리를 걸어온 것이다. 당시는 도로가 정비된 게 아니었으니 거친 산과 거친 들을 넘고 또 넘어야 했다. 더군다나 그때는 혹한의 겨울이었다.[12] 교통비며 숙박비, 식비 등의 일체를 개인이 부담해야 했다.[13] 그래서 사람들은 사경회에 참석하면서 등에 쌀을 지고 왔다.[14]

상상해 보라. 그리 크지 않은 규모의 장대현교회에 2천 명가량의

---

11   George McCune, letter to Brown, Jan.15.1907

12   G.S. MaCune, "The Holy Spirit in Pyeng Yang", KMF 3:1, Jan.1907; 박용규, 《평양 대부흥운동》, p.225 재인용

13   Blair & Hunt, The Korean Pentecoast & the Sufferings Which Followed, 67; 박용규, 《평양 대부흥운동》, p.225 재인용

14   James S. Gale, Korea in Transition(New York : The Layman's Missionary Movement, 1909), 203; 박용규, 《평양 대부흥운동》, p.225 재인용

남자들이 모여 있다. 인근 다른 교회에는 여자들이 모였을 것이다. 아이와 노인도 모였을 것이다. 사경회가 시작되기 전에 사람들은 여기저기서 불을 피워 밥을 짓고 그런 다음 옹기종기 모여 식사를 한다. 간간이 어린아이의 울음소리도 들린다. 어떤가. 2천 년 전 예수님의 말씀을 듣기 위해 동산을 가득 메운 사람들이 연상되지 않는가. 정확히는 1900년을 뛰어넘는 광경이 이스라엘에서 보면 지구 끝인 이 땅에서 똑같이 연출되고 있는 것이다. 그런데 놀랍게도 거기 모인 사람들은 말씀을 읽는 가운데 자신이 죄인임을 인정하기 시작했다.

사악하고 수치스러운 모든 죄들이 아주 깊은 죄의식 안에서 고백되어졌다. 사람들은 자신들의 죄를 고백하고는 마치 가장 무시무시한 고통에 처한 것처럼 갑자기 무섭게 통회하고 애통하기 시작했다. 때로는 마치 숨을 쉬지 못해 괴로워하는 사람처럼 자기 가슴을 치기도 했다. 때로 그들 중에는 갑자기 마룻바닥에 엎어져 몹시도 통회하는 가운데 손으로 바닥을 연타하기도 했다.(스왈른W.L. Swallen, 1907년 1월 18일)[15]

그곳에서 우리가 결코 전에는 읽어 보거나 보지 못했던 장면을 목도했다. 성령께서 권능으로 청중들에게 임했고 사람들은 대단한 탄식으로 무섭게 죄를 회개하고 고백했다.(번하이셀Bernheisel의 일기)[16]

15   W. L. Swallen, letter to Brown, Jan.18.1907

16   The Rev. Charles F. Bernheisel's Missionary Diary(unpublished), 23, 1907; 박용규, 《평양 대부흥운동》, p.237 재인용

어떤 말로도 어제 있었던 집회를 설명할 수 없다. 그것은 내가 이제까지 결코 보지 못했던 하나님의 영의 현시였다. 그로 인해 하나님께 찬양을 올리며, 이제 그들이 집으로 돌아가서도 하나님께서 이들을 도우시고 각자의 교회에서 그들을 놀랍게 사용하시기를 기도한다.(그레함 리Graham Lee)[17]

하나님이 나를 불러 놓은 것으로만 생각되었다. 전에 경험하지 못한 죄에 대한 굉장한 두려움이 나를 엄습하였다. 어떻게 하면 이 죄를 떨어 버릴 수 있고 도피할 수 있을까? 나는 몹시 번민하였다. 어떤 사람은 마음이 너무 괴로워 예배당 밖으로 뛰쳐나갔다. 그러나 전보다 더 극심한 근심에 쌓인 얼굴과 죽음에 떠는 영을 가지고 예배당으로 되돌아와서 오! 하나님 나는 어떻게 했으면 좋겠습니까? 라고 울부짖었다.(정익로의 증언)[18]

부흥은 그렇게 회개를 통해 일어나기 시작했다. 사경회를 위해 전국에서 모인 사람들은 곧 다시 전국의 자기 집으로 돌아갔다. 그들은 그날 체험한 부흥을 사람들에게 전하며 성경을 다시 보았을 것이다. 이것이 하나님이 일하시는 방법이다. 하나님은 한 사람 한 사람을 통해 일하신다. 왜냐하면 그 한 사람 한 사람이 하나님 보시기에 너무나 소중한 존재이기 때문이다. 평양 대부흥은 이제 전국의 부흥으로 확산되었다. 그것은 선교사들의 기록으로 전해졌다.

---

17 Graham Lee, letter to Brown, Jan.15.1907; 박용규, 《평양 대부흥운동》, p.237 재인용
18 김양선, 《한국기독교사연구》, 1971, p.87: 옥성득, 《한반도 대부흥》, 홍성사, p.255 재인용

한 남자가 일어나더니 교회에서 멀지 않은 계곡에서 사람을 죽였다고 고백했다. 그는 그렇게 말하고 나서 강단 앞에서 의식을 잃었고, 우리가 많이 애쓴 뒤 겨우 정신을 차렸다. 그러한 죄는 본성 전체가 죽음과 싸우면서 만신창이가 되지 않는 한 고백할 수 없다. 부흥회의 강도와 범위를 생각할 때 심각한 부작용이 전혀 보고되지 않은 것은 놀랄 만하다.

한 사람이 일어나 그의 잘못에 대해 부끄럽게 여기는 부분은 숨기고 부분적으로 고백했다. 그런데 다음 날 밤 그는 창백한 얼굴로 괴로워하다가 결국 첫 번째로 고백할 기회를 얻어, 전날 밤 자신의 중죄를 숨김으로써 이중의 죄를 지었다고 고백했다. 성령께서 한번 각성시키자 사람들은 교회에서 마음의 짐을 내려놓고 잘못에 대해 보상하기 전에는 밤낮으로 안식을 찾을 수 없었다. 하나님은 오래 기다리셨으며 그러한 사람들을 구원하시기 위해 모든 힘을 쏟아 부으시는 것 같았다.

나의 조사 강씨는 밤마다 집회에 참석했지만 결코 평화를 얻지 못했다. 부흥회가 끝났을 때 그는 점차 관심이 식었고 우리는 그를 면직해야 했다. 1년이 지난 뒤 한 여자의 고백을 통해 강씨가 교회 직원이었을 때 부도덕한 짓을 저질렀음을 알게 됐다. 그는 성령에 끝까지 저항하며 고백하기를 거부했던 것이다. 하나님은 그를 내버려 두셨다. 강씨는 결국 창녀촌의 지배인이 되었고, 몇 달 전 나는 그가 아편으로 자살을 시도했다는 소식을 들었다.(헌트 Bruce Hunt)[19]

19　William blair, the korea pentecost, 1910, pp.71-73; 옥성득, 《한반도 대부흥》, 홍성사, p279 재인용

헌트(Bruce Hunt) 선교사의 증언은 회개가 얼마나 중요한 것인지를 단적으로 보여 준다. 살인자도 회개를 통해 구원을 받을 수 있다는 것과, 그러나 정결하지 못한 마음을 품은 채 회개하지 않았을 때 하나님과 상관없는 삶을 살게 됨을 명확하게 보여 주고 있는 것이다. 성령에 저항하여 죄를 고백하지 않거나, 성령의 인도하심에 순종하여 죄를 고백하는 것은 우리의 선택이다. 그 선택에 따라 우리는 우리 안의 하나님을 만날 수도 있고 만나지 못할 수도 있다.

한편, 부흥의 소식은 선교사들을 통해 미국과 영국, 캐나다, 호주 등지로 퍼져 나갔다. 뿐만 아니라 평양 대부흥을 직접 체험한 중국인 목사들은 중국으로 돌아가 중국의 부흥을 꿈꿨다. 부흥에 대한 소망을 얻게 된 것이다. 중국 요양(遼陽)과 봉천(奉天, 중국 선양의 옛 이름) 일대에서 활동하던 장사정과 호만성 목사 등이 평양 대부흥을 목격하고 돌아갔다. 당시 중국은 의화단 사건으로 선교 활동이 크게 위축되어 있었고, 평양 대부흥은 하나의 선교 모델로 제시될 수 있었다. 부흥의 열기는 이들 중국인 목사들을 통해 요양과 봉천은 물론 몽골과 베이징까지 확산되었다. 만주를 통해 성경을 받은 민족은 30년 만에 다시 그 열매를 중국에 전해 준 것이다.[20]

장대현교회에서 시작된 성령의 역사는 교파를 초월해 평양 시내의 모든 교회, 그리고 여학교와 미션스쿨로 번졌다. 또한 여성들에게도 급속도로 확산되었다. 전통 사회에서 당연시해서 죄로도 여기지

---

20   한국기독교역사학회, 《한국 기독교의 역사》, p.233

않던 남녀 차별, 계급 차별과 같은 것들이 죄로 고백되고 그럼으로써 올바르게 회복되는 성령의 역사가 전국적으로 일어났다. 평양은 '동방의 예루살렘'으로 불리며 영적인 각성과 부흥을 일으키는 진원지가 되었다.

부흥은 회개로 시작됐다. 그들은 왜 회개했을까? 그것도 공개적으로 자신의 죄를 왜 고백했을까? 그들은 왜 성령 충만함을 구했을까? 이 회개 운동의 결정적인 계기는 무엇일까?

앞에서도 말했지만, 회개 운동을 일으킨 결정적인 계기는 사경회였다. 사경회는 성경을 공부하는 모임이다. 성경은 하나님의 살아 있는 말씀임을 우리는 평양 대부흥을 통해 다시 한 번 깨닫게 된다. 그리고 일찍부터 한글성경을 준비하신 하나님의 계획이 여기에 있었음을 이해하게 된다.

평양 대부흥의 중심지였던 장대현교회
-
Davis, Korea for Christ, 1909, p.33

'성경 기독교', 그것은 세계 기독교사에서 유례를 찾기 힘든 한국 교회의 특징이다. 선교사가 이 땅에 들어오기 전부터 성경을 읽고 예수님을 영접한 사람들이 세운 교회가 한국 교회다. 그들의 말씀 사랑은 사경회를 조직하기에 이르렀고 그것은 다시 이 땅에 부흥을 일으키는 견인차가 되었다.

1901년 평양에서 여성 신자를 대상으로 성경 공부를 위한 사경회가 열리자, 평양은 물론 150~400리 이상 떨어진 삭주와 창성, 의주 등지에서 자매들이 몇 주일간 먹을 쌀을 짊어지고 참석했다. 다음 해 남성 신자를 위한 사경회가 평양에서 열리자, 400명가량의 신자들이 삭주, 의주, 창성 등 북부지방은 물론 멀리 서울과 목포, 무안에서까지 올라와 참석했다. 대단한 열성이 아닐 수 없다.[21] 바로 이러한 성경 중심의 신앙이 대부흥 운동의 동인이 되었으며 그 후 복음주의적인 한국 교회의 정형을 이룬 중요한 요인이 되었다.[22]

아이러니하게도 평양 대부흥의 역사적 장소였던 장대현교회의 자리엔 김일성과 김정일을 우상화하기 위한 거대한 동상이 서 있다. 비록 부흥의 장소도 그 흔적도 사라지고 없지만, 그래도 우리에게는 소망이 있다. 북한이 회복되고, 분열된 민족이 다시 하나가 되는 것. 그 소망은 하나님이 우리에게 주신 소망이며, 그 소망엔 이 민족을 쓰시려는 하나님의 특별한 계획이 숨겨져 있다.

---

21   그리스도신문(1902년 1월 30일)

22   한국기독교역사학회, 《한국 기독교의 역사》, p.235

오늘날 만수대 의사당 인근이 장대현교회가 있었던
자리라고 추측된다.
-
AP 연합뉴스

　　1907년은 이 땅 구석구석으로 부흥의 물결이 흘러갔을 뿐 아니
라 평양신학교를 졸업한 일곱 명, 즉 길선주, 이기풍, 서경조, 양전백,
방기창, 송인서, 한석진이 장로교 목사로 안수 받은 해이기도 하다.
(감리교의 경우 1901년 김창식, 김기범이 목사 안수를 받았다.) 이 7인의 목사 중
한 명인 이기풍은 제주도 선교사로 파송되었다. 제주도는 섬이었기
에, 같은 한국 사람이지만 선교사로 불렀던 것 같다.
　　이기풍 선교사의 파송이 가지는 의미는 이렇다. 우리가 받은 복
에 대해 깊이 감사함과 동시에 빚진 마음을 가진 한국 교회가 새롭게
안수 받은 일곱 명의 목사 중 한 사람을 구원의 진리를 모르는 사람들
을 위해 봉헌한 사실이라는 것이다. 이기풍 목사는 한국 교회의 감사
헌물이었던 것이다.[23]

23　Allen D. Clark, A history of the church in korea, p.174

1907년 9월 17일 오전 9시 평양에서 최초의 독노회가 조직되었다. 배유진 선교사의 설교, 기일 선교사의 성례 집도가 있은 후 마포삼열 선교사의 기도로 최초의 노회가 개회되었다. 이것은 한국의 장로교 역사뿐만 아니라 한국 개신교 역사에서 몇 가지 중요한 의미를 지닌다. 선교 시작 22년 만에 한국에 노회가 조직된 것은 선교가 시작된 지 한 세기가 훨씬 지난 1706년에야 노회가 조직되었던 미국 장로교와 비교하면 상당히 앞선 일이다. 또한 연합을 강조하는 감리교회가 거의 4반세기가 지나서야 하나의 감리교회를 이룰 수 있었던 사실과 비교하면, 한국에 파송된 네 개의 장로교 선교회가 연합해 처음부터 하나의 장로교를 설립했다는 사실 역시 고무적인 일이다. 뿐만 아니라 길선주를 비롯한 일곱 명의 한국인이 안수를 받음으로써 한국 장로교회는 명실공히 민족의 교회로서 그 틀을 다질 수 있었다. 더 나아가 최초의 7명의 목사 가운데 한 사람, 이기풍 목사를 제주도 선교사로 파송함으로써 한국 장로교회는 처음부터 선교하는 교회임을 천명하게 되었다.

-

글; 박용규(http://www.1907revival.com, 2007년 8월 28일) 사진; 사단법인 방지일목사기념사업회 제공.

이기풍 선교사가 제주도로 떠날 때 그 파송 현장을 지켜본 여자 선교사가 있었다. 줄리아 마틴으로, 그녀는 당시의 상황을 이렇게 묘사했다.

한국 장로교회에 의해서 한국의 남쪽 퀠파트 섬(당시 외국인들은 제주도를 퀠파트 섬이라고 불렀다)으로 파송되는 최초의 해외 선교사의 송별식을 갖기 위함이었다. 선교사가 간단한 인사를 하고 난 다음에 그 교회의 담임 목사인 길선주가 인사말을 하는 중에서 만약에 당신이 퀠파트 사람에 의해서 돌팔매를 당한다면 너무 낙심하지 말아야 한다. 왜냐하면 당신이 최초의 평양 선교사들에게 돌을 던졌기 때문이다, 라고 하였다. 그러자 길선주가 말하는 동안에 선교사 이기풍의 뺨에서는 눈물이 흘러내리고 있었다. 이 장면은 그 자리에 참석한 사람들에게는 결코 잊을 수 없는 모습이었다. 그다음 날 이기풍은 그의 아내와 함께 그들의 미래의 고생스러운 사역지로 떠났다.[24]

이기풍은 평양에 온 새뮤얼 모펫(Samuel Moffet) 선교사에게 돌을 던진 사람이다. 기독교는 조선을 침략한 서양 사람이 믿는 종교이며, 그것이 조선의 가치 질서를 무너뜨리고 있다고 당시 이기풍은 생각했을 것이다. 하지만 하나님은 마치 바울을 당신의 사람으로 만들었듯이 이기풍 선교사를 당신의 사람으로 만드셨다. 길선주 목사의 진심 어린 인사말을 듣고 이기풍은 지난날 자신의 모습을 떠올렸을 것이다.

제주도 사람들은 당시 흥선대원군의 천주교 박해도 있었고 1901년 천주교도들의 부패에 맞서 이재수의 난이 일어나기도 했기 때문에 기독교에 대한 반발심이 컸다. 더구나 방언이 심해 같은 나라지만 말이 통하지 않는 곳이었다. 이기풍 선교사는 그런 곳에 복음의 빚진 자로서 기꺼이 간 것이다.

1910년, 우리는 나라를 완전히 빼앗겼다. 나라 잃은 이 땅의 그리

24   Miss Julia Martin, Three pictures, p.172; 민경운, 《제주와 산동 선교 이야기》, 케노시스, pp.91-92 재인용

스도인들의 심정이란 아마도 2천 년 동안 나라 없는 설움을 겪은 이스라엘 백성의 심정과 같은 것이 아닐까? 그래서 개신교가 민족 종교적인 성격을 갖게 된 게 아닐까 한다. "주님, 나를 구원해 주세요. 주님이 나라를 구원해 주세요. 이 나라와 민족을 고통 속에서 구원해 주세요." 이런 간절한 기도가 온 나라에 울려 퍼지며 쌓여 갔을 것이다. 그 간절한 기도는 남과 북이 분단된 지금 우리에게도 필요한 기도다.

나라를 잃었지만, 믿음의 사람들은 포기하지 않았다. 삶을 포기하지 않았고, 나라를 포기하지 않았고, 하나님을 더 깊이 믿으며 신앙의 성숙을 더해 갔다. 한국 교회의 이 같은 영적 성장은 더 먼 미래에 있을 하나님의 특별한 계획을 위해서 필요한 것이었다.

10
성경책 한 권 들고
선교를 떠나다

◇

번역된 한글성경은 우리 민족을 변화시키고,
커다란 부흥을 경험하게 하였다.
그리고 나라를 빼앗긴 와중에도 주의 말씀에 순종해
선교사들이 이곳에 왔다.
가슴속에 한 권의 성경을 품고서 말이다.

◇

성경은 이 나라에 깊은 뿌리를 내리기 시작했다. 신학교를 통해 많은 한국 목사들이 배출되기 시작했다. 그리고 장로교 최초로 목사 안수를 받은 이기풍은 1907년 제주도 선교사로 파송되었다. 같은 나라임에도 전도자가 아닌 선교사로 부른 이유는, 아마도 당시의 제주도는 해외로 가는 것만큼 먼 길이었기에, 이를 주도한 외국 선교사들이 선교로 인식했던 것 같다.

1912년 9월 1일 오전 10시 30분, 평안남도 평양 경창문 안 여성경학원에서 제1회 조선장로교총회가 열렸다. 조선예수교장로회 사기에는 다음과 같은 기록이 남아 있다.

> 조선 교회는 설립 이후로 전도와 헌금과 성경 공부에 있어서 하나도 독립하지 않음이 없이 스스로 발전하였으니 그 실제에 있어서 총회를 이룸에 또한 총회를 이루지 못하는 것이 이상하다 할 것이다.[1]

위의 글에서 우리는 한국 교회가 자립했다는 사실을 알 수 있다. 교회 안에서 스스로 그렇게 생각하고 있었던 것이다. 외국 선교사의 도움을 받기는 했겠지만, 한국 교회는 이미 전도 활동과 헌금, 성경

---

1 《조선예수교장로회 사기》 하권, 한국기독교역사연구소; 민경운, 《제주와 산동선교 이야기》, p.116

공부 등을 주도적으로 하고 있었다는 얘기다. 토착 교회로 정착했다는 증거인 셈이다. 이 배경에는 당연히 한글성경과 사경회가 있었다.

1회 조선장로교총회의 첫 안건은 무엇이었을까? 교회를 크게 짓는 것이었을까? 전도 활동을 더 열심히 하기 위해 어떤 목표를 세웠을까? 놀랍게도 총회가 조직되자마자 처음으로 한 일은 선교사 파송이었다.

> 노회를 시작할 때에 제주에 선교사를 보냄으로 신령한 교회를 세워 하나님께 영광을 돌림으로 우리에게 기쁨이 충만한 바이온즉 지금 총회를 시작할 때에도 외국 전도를 시작하되 지나(支那, 중국) 등지에 선교사를 파송하기를 청원하오며.(제1회 조선장로교총회 회록, 1912년)

블레어(W. Blair) 목사는 "새로운 한국 교회(장로교)의 첫 모임(독노회)은 사실상 선교사를 보내는 모임이었다"고 회고하고 있다.[2] 식민지 상황에서 세워진 한국 교회는 놀랍게도 가장 먼저 선교를 꿈꿨던 것이다. 해외 선교사를 파송하겠다는 그 이유가 더 놀랍다. 당시 총회 의장이던 길선주 목사가 우리가 공자님께 받은 은덕을 갚기 위해서라고 말했다는 증언이 남아 있다. 하지만 그런 말을 길선주 목사가 했는지는 공식적인 기록으로 남아 있지 않고, 아들인 길진경의 책에만 언

---

2   W.N. Blair, Gold in Korea, p.71; 민경배, 《한국기독교회사》, 연세대학교출판부, p.268

급되어 있다.[3] 그러나 확실한 것은 그들 세 명의 선교사가 간 곳은 공자 사상의 출발지이며, 공자 사상이 뿌리 깊은 지역이었다.

길선주 목사는 1906년 이미 이런 말을 했다고 한다.

우리는 불원에 우리나라 전역에 복음을 전파하게 될 것이다. 그렇게 되면 흑암 속에 묻혀 있는 수억의 중국인들에게 미국 교인들이 우리에게 한 것처럼 선교사를 보내어 그리스도를 통한 구원의 도를 전하는 의무를 수행하게 될 것이다.[4]

해외 선교사 파송에서 성경의 영향을 부정할 수 없다. 당시 많은 장로교 조선 사역자들은 평양신학교에서 공부했거나 공부하고 있었다. 평양신학교는 네비우스 선교정책과 관련하여 설립되고 육성되었다고 한다. 따라서 네비우스가 강조한 사경회 제도의 연장선상으로 신학교 커리큘럼이 짜였다.[5] 한글성경 보급을 통해 하나님을 이미 깊게 만난 한국 교회의 영성은 이렇듯 사경회를 통해 자라났다.

1913년은 나라를 빼앗겨 일제의 식민 통치가 행해지던 때다. 더구나 당시 조선장로교는 전 세계에서 가장 작은 교단이었으며, 복음을 받은 지 40년도 안 되었다. 그런 우리가 우리보다 먼저 복음을 받아들인 중국으로 복음을 들고 나간 것이다. 선교적으로 볼 때 혁명적

3 길진경, 《영계 길선주》, 종로서적, p.243

4 S. A. Moffett 자료(1906년); 김양선, 《한국기독교사연구》, p.109

5 박용규, 《한국교회사1》, 한국기독교역사연구소.

인 사건이 아닐 수 없다.

당시에 동양인이 선교를 나간 일은 없었다. 조선이 처음이었다. 조선은 동양인으로서 처음으로 동양에 선교사를 파송한 나라였다. 약함이 강함을 이기는 순간이었으며, 패러다임이 전환되는 순간이었다. 만주, 시베리아, 일본, 중국 등에 있던 한인 디아스포라를 위해 파견된 선교사는 있었지만, 한인이 아닌 타국의 사람을 위해 해외로 선교사를 파송한 일은 당시로선 파격에 가까운 일이었다.[6] 박태로, 김영훈, 사병순 선교사와 그의 가족들이 중국으로 파송되었다.

1912년, 가장 먼저 파송이 결정된 박태로 선교사는 당시 큰 교회의 목사였다. 교인 100여 명의 재령 읍교회 위임목사였다. 지금으로 따지면 대형 교회 목사로 그는 영향력 있는 노회 임원이기도 했다.[7] 그런 그가 총회의 명령에 따라 선교사로 떠난 것이다.

오늘날이라면, 한국의 대형교회 목사이면서 교단의 유력한 지도자인 한 목사에게 교단이 어느 날 갑자기 모든 기득권과 혜택을 내려놓고 예수를 믿는 사람이 거의 없는 오지의 선교사로 가라고 명령한다면 그는 과연 순종할 수 있을까? 물론 하나님이 일하시면 가능한

---

6 1907년 최초로 안수 받은 목사 7인 중 한 명이던 한석진 목사는 일본 도쿄로 파송 받아 한인들을 위해 사역했다. 1909년 장로교 출신의 최관흘 목사는 시베리아에 흩어진 한인들을 위해 파송 받아 사역했고, 1912년에는 대한감리교회 손정도 목사가 시베리아로 파송되었다. 같은 해 1912년 북간도로 김내범 목사가 파송 받아 갔다. 감리교회 최성모 목사는 1925년에 만주에서 사역했다. 이들은 주로 흩어진 동포들을 위한 선교사로서 주로 현지 목회와 교회 설립을 위해 사역했을 것이다. 동시에 틈틈이 현지인, 즉 중국인이나 러시아인, 일본인들을 전도하고자 했을 것이다. 그러나 이들이 이민자 선교를 위해 작정하고 조직된 타국민 선교의 시작은 아니었던 것 같다.

7 김교철, "초기 한국장로교회의 타문화권 교회 설립에 관한 선교학적 고찰 : 1913년부터 1957년까지 중국 산동과 만주국을 중심으로", 아세아연합신학대학원 박사 논문

일이다. 그러나 현실에선 흔치 않은 일이다.

당시 첫 해외 선교사를 파송하는 만큼 총회는 유능한 목사를 보내야 한다고 생각했을 것이다. 영적으로 뛰어나고 인품도 뛰어난 사람이어야만 했을 것이다. 검증에 검증을 거쳐 선택된 사람이 바로 박태로 목사였고, 그는 그 결정에 기꺼이 순종했다.

박태로 목사는 떠나기 전에, 자신이 태어나 자랐고 예수님을 알게 해 준 교회를 방문했다. 황해도 봉산 상굴교회였다. 그는 그곳에서 사도행전 27장 18-44절과 디모데전서 1장 19절의 말씀을 전했다.[8]

우리가 풍랑으로 심히 애쓰다가 이튿날 사공들이 짐을 바다에 풀어 버리고 사흘째 되는 날에 배의 기구를 그들의 손으로 내버리니라 여러 날 동안 해도 별도 보이지 아니하고 큰 풍랑이 그대로 있으매 구원의 여망마저 없어졌더라 여러 사람이 오래 먹지 못하였으매 바울이 가운데 서서 말하되 여러분이여 내 말을 듣고 그레데에서 떠나지 아니하여 이 타격과 손상을 면하였더라면 좋을 뻔하였느니라 내가 너희를 권하노니 이제는 안심하라 너희 중 아무도 생명에는 아무런 손상이 없겠고 오직 배뿐이리라 내가 속한 바 곧 내가 섬기는 하나님의 사자가 어제 밤에 내 곁에 서서 말하되 바울아 두려워하지 말라 네가 가이사 앞에 서야 하겠고 또 하나님께서 너와 함께 항해하는 자를 다 네게 주셨

다 하였으니 그러므로 여러분이여 안심하라 나는 내게 말씀하
신 그대로 되리라고 하나님을 믿노라 그런즉 우리가 반드시 한
섬에 걸리리라 하더라 열나흘째 되는 날 밤에 우리가 아드리아
바다에서 이리저리 쫓겨가다가 자정쯤 되어 사공들이 어느 육
지에 가까워지는 줄을 짐작하고 물을 재어 보니 스무 길이 되고
조금 가다가 다시 재니 열다섯 길이라 암초에 걸릴까 하여 고물
로 닻 넷을 내리고 날이 새기를 고대하니라 사공들이 도망하고
자 하여 이물에서 닻을 내리는 체하고 거룻배를 바다에 내려놓
거늘 바울이 백부장과 군인들에게 이르되 이 사람들이 배에 있
지 아니하면 너희가 구원을 얻지 못하리라 하니 이에 군인들이
거룻줄을 끊어 떼어 버리니라 날이 새어 가매 바울이 여러 사람
에게 음식 먹기를 권하여 이르되 너희가 기다리고 기다리며 먹
지 못하고 주린 지가 오늘까지 열나흘인즉 음식 먹기를 권하노
니 이것이 너희의 구원을 위하는 것이요 너희 중 머리카락 하나
도 잃을 자가 없으리라 하고 떡을 가져다가 모든 사람 앞에서 하
나님께 축사하고 떼어 먹기를 시작하매 그들도 다 안심하고 받
아 먹으니 배에 있는 우리의 수는 전부 이백칠십육 명이더라 부
르게 먹고 밀을 바다에 버려 배를 가볍게 하였더니 날이 새매 어
느 땅인지 알지 못하나 경사진 해안으로 된 항만이 눈에 띄거늘
배를 거기에 들여다 댈 수 있는가 의논한 후 닻을 끊어 바다에
버리는 동시에 키를 풀어 늦추고 돛을 달고 바람에 맞추어 해안

을 향하여 들어가다가 두 물이 합하여 흐르는 곳을 만나 배를 걸
매 이물은 부딪쳐 움직일 수 없이 붙고 고물은 큰 물결에 깨어져
가니 군인들은 죄수가 헤엄쳐서 도망할까 하여 그들을 죽이는
것이 좋다 하였으나 백부장이 바울을 구원하려 하여 그들의 뜻
을 막고 헤엄칠 줄 아는 사람들을 명하여 물에 뛰어내려 먼저 육
지에 나가게 하고 그 남은 사람들은 널조각 혹은 배 물건에 의지
하여 나가게 하니 마침내 사람들이 다 상륙하여 구조되니라 사도
행전 27:18-44

박태로 목사의 설교는 믿음의 항해에 관한 내용이었다. 사도행전
27장에서, 바울이 탄 배 알렉산드리아는 위기에 처했다. '유라굴로'라
는 광풍이 휘몰아치기 시작했고, 여러 날 동안 별도 보지 못하고 큰
풍랑 속에 있었다. 그들은 구원의 여망마저 없었다. 하지만 바울은 배
안에서 두려워하는 자신을 포함한 276명에게 희망을 전했다. 살기 위
해 먹으라고 했다. 모두가 머리카락 하나도 잃을 자가 없을 것이라고
했다. 그의 말대로, 배는 부서졌지만 아무도 목숨을 잃은 사람이 없이
몰타섬에 도착했다. 바울은 믿었다. 하나님께서 그를 반드시 로마로
가게 할 것이기 때문에 목숨을 잃지 않을 것으로 믿었다. 그는 두려워
하지 않았다. 하지만 그는 자신만 살고자 하지 않았다. 두려워하는 배
안의 사람들을 외면하지 않았다. 그들과 떡을 떼어 나눠 먹으며 구원
의 하나님을 전했다.

박태로 목사가 선교사로 파송 받아 떠나려는 1913년의 이 땅은 마치 풍랑을 만나 언제 목숨을 잃을지 알 수 없는 알렉산드리아 호와 같았다. 오늘도 고난스럽고 미래도 막막한 이 땅의 사람들에게 박태로 목사는 이 땅을 향한 하나님의 구원 계획을 전하고 싶었을 것이다. 이 땅을 통해 이룩하시고자 하는 하나님의 계획 때문에 우리는 결코 무너지지 않을 거라고, 그러니 두려워하지 말라고 말하고 싶었을 것이다.

믿음은 절망 속에서 더 성장하는 것 같다. 아무 의지할 데 없을 때 비로소 언제나 함께하시는 하나님을 만나는 것 같다. 하나님은 가장 연약한 자, 가장 작아진 자를 사용하시는 분이다.

믿음과 착한 양심을 가지라 어떤 이들은 이 양심을 버렸고 그 믿음에 관하여는 파선하였느니라 디모데전서 1:19

박태로 목사는 사도행전과 함께 디모데전서 말씀도 전했다. 그는 그가 자란 고향 교회의 성도들에게 믿음과 착한 양심을 가지라고 선포했다. 양심을 버리지 말며 믿음에 관해서 파선하지 말라고 했다. 그는 비록 하나님의 명령에 순종해 먼 타지로 떠나지만, 혼란한 시대를 사는 남겨진 양들이 걱정되었을 것이다. 그래서 절박한 심정으로 그들을 위해 기도하며 믿음과 착한 양심을 가지라고 선포했을 것이다.

박태로 목사는 김찬성 목사와 함께 산둥반도로 답사를 떠났다. 선교지를 구체적으로 정하기 위해 산둥반도를 살펴보고, 그 지역에서 먼저 사역하고 있는 다른 나라 선교사들을 만나 선교 가능성에 대해 알아보기 위해서 떠난 것이다. 김찬성 목사는 그런 박태로 목사를 돕기 위해 함께 갔을 것이다. 박태로 목사는 중국 산둥에 머물면서 그간 살펴본 내용을 토대로 보고 서신을 보냈다. 중국 사람들에 대해 느낀 점, 그리고 선교를 위해 기도해 달라는 내용이 담겨 있었다. 지금으로 따지면 첫 기도 편지를 띄운 셈이다.

이리저리 생각하니 죄 없이 정배(定配) 온 모양이나 이것저것 덮어 놓고 신령계로 생각한즉 감사하고 기쁜 마음 태평양도 부족이라. 시시마다 홀로 앉아 동천 향해 기도하며 삼위 주께 통정하나, 이곳 인생 형편 보면 가긍하고 가련하오. 많고 많은 숫한 인종 박의박식 가련하되, 동네마다 좋은 집은 우상 봉사하는 묘요 부녀들의 정형 보면 가련한 중 극하도다.

발조려 병신되니 행보키 불능이라. 이와 같이 곤고 중에 예수신도 별부하니 목도하기 한심하고 마음조차 절벽이니 어느 날에 깨어질까 여보 우리 부형 자매님네들 본방에 역사하는 형님들이여 일일시시 곤고할 때 이 형편을 생각하고 우리 조선 받은 복은 특별한 줄 깊이 알고 특별하신 성력으로 이곳 위해 기도하며 진심 감사드립시다. 두루 형편 생각한즉 전도문은 열렸으니 우리들이 힘만 쓰면 주의 뜻을 이룰 줄 아오니 교제 위해 구할 것은 오순절에 주신 성신 만세토록 방언 주고 하루 회개 삼천 인도 만국 중에 될 것인즉 이를 위해 빌어 주옵소서."[9]

중간에 김찬성 목사는 먼저 돌아오고, 박태로 목사는 어학 공부를 위해 산둥반도의 관문인 옌타이에서 서쪽으로 해안을 따라 내려오면 있는 웨이하이(威海衛) 예수교 강서당(講書堂)에 머물렀다. 그곳에서 그는 어학 공부를 하는 틈틈이 전도를 나갔던 것 같다. 문등(文登)에 전도하러 갔다가 영국 형제교회 목사로부터 전도한다고 쫓겨나기도 했다. 당시 그 지역은 영국의 형제교회 목사가 중국 정부의 특허를 얻어 타 교파에서는 전도하지 못하는 지역이었던 것 같다. 그러니 서럽기도 하고 막막하기도 하고 답답하기도 했을 것이다. 그런 그의 복잡한 마음이 1913년 5월 26일에 보낸 편지에서 느껴진다.

본향 생각에 위로인대 벧전 2:11절(사랑하는 자들아 나그네와 행인 같은 너희를 권하노니 영혼을 거스려 싸우는 육체의 정욕을 제어하라)을 본즉 무비 다 객지요, 부모 형제를 생각할 때에 마태 7:11절(너희가 악한 자라도 좋은 것으로 자식에게 줄 줄 알거든 하물며 하늘에 계신 너희 아버지께서 구하는 자에게 좋은 것으로 주시지 않겠느냐)을 보고 천부님을 만나 보며, 거처 곤란할 때에 요한 14:2절(내 아버지 집에 거할 곳이 많도다 그렇지 않으면 너희에게 일렀으리라 내가 너희를 위하여 처소를 예비하러 가노니)을 보고 영원한 거처를 바라보며, 음식에 불평할 때에 묵시 2:7절(귀 있는 자는 성령이 교회들에게 하시는 말씀을 들을찌어다 이기는 그에게는 내가 하나님의 낙원에 있는 생명나무의 과실을 주어 먹게 하리라)에 생명수 열매를 맛보며, 언어를 모름으로 답답한 때에 내가 천국 방언을 안 것과 또 오순절을 기다리며, 통인정이 없음으로 답답할 때에 요일 1:3절(우리가 보고 들은 바를 너희에게도 전함은 너희로 우리와 사귐이 있게 하려 함이니 우리의 사귐은 아버지와 그 아들 예수 그리스도와 함께 함이라)과, 또 기도로 삼위와 때마다 통정하며 친구 생각이 간절할 때에 요한 15:15절(이제부터는 너희를 종이라 하지 아니하리니 종은 주인의 하는 것을 알지 못함이라 너희를 친구라 하였노니 내가 내 아버지께 들은 것을 다 너희에게 알게 하였음이니라), 참 친구를 만나 보며 또 노회 때 사진과 남녀 도사경 때 사진과 신학교 사진과 각 사진으로도 친구를 만나 보고 많이 위로가 되며 동락하는 영광이 없을 때 묵시 21장을 보고 또 찬미를 부르는데, 영광일세 영광일세 내가 누릴 영광일세 하고 큰 기쁨을 얻으며 이 숱한 인종을 바라보니 바윗돌 같은 마음을 어찌 하여야 예수를 알게 할까 답답하던 차에 행 2:41절(그 말을 받는 사람들은 세례를 받으매 이 날에 제자의 수가 삼천이나 더하더라)을 보니 한 날에 3천 명 회개시키신 성신을 의지하니 참 위로가 되오며.[10]

박태로 목사는 자신이 아무것도 할 수 없는 순간에 말씀을 붙잡 았다. 말씀만이 그에게 위로가 되었다.

박태로 목사가 중국에서 돌아온 뒤 함께 갈 두 명의 선교사가 추 가로 파송을 받았다. 김영훈과 사병순 목사였다. 의주 출신의 김영훈 목사는 백홍준의 사위인 김관근과는 친구로, 그의 전도를 받고 예수 님을 믿게 된 사람이었다. 사병순 목사는 중산반석방에다리교회의 소 안론 목사와 동사목사로 시무 중이었다. 모두 평양신학교에서 공부한 목사였다.

10　박태로의 선교 편지(1913년 5월 26일); 김교철, "한국장로교회의 초기3인의 선교사-박태로, 사병순, 김 영훈 목사", 한국선교KMQ Vol.9. No.2. 통권32호(2009년 겨울)

세 명의 선교사가 사역할 곳은 산둥성 옌타이 항구에서 한참 떨어진 내지에 위치한 래양이라는 작은 도시였다. 옌타이는 선교의 거점 도시라 이미 많은 선교사가 있었으나 내지인 래양에는 복음이 미치지 못하고 있었다. 중국인과 미국 선교사들이 래양까지 가서 전도를 했지만, 단 한 명의 교인도 없었다. 산둥반도는 앞서 말한 것처럼 공자 사상이 뿌리 깊고 공자가 나고 자랐다는 자부심이 매우 큰 지역이었다. 때문에 선교가 쉽지 않았다. 내지인 래양은 더 말할 필요도 없었다.

래양은 지금은 옌타이에서 고속철로 40분 정도의 거리에 있다. 당시엔 도로 사정이 좋지 않았을 테니 며칠 걸리는 거리였을 것이다. 더구나 가족과 함께 갔으니 더 더뎠을 것이다.

왜 하필 그들은 래양으로 간 것일까? 서양 선교사들조차 성공한 적 없는 그곳에 왜 그들을 보낸 것일까?

그들의 사역지가 산둥 지역 래양으로 결정된 것은 여러 가지 이유가 있겠지만, 가장 큰 이유는 산둥이 아마도 조선과 지리적으로 가까운 거리에 있고, 전통적으로 중국을 가깝게 여겼기 때문일 것이다. 사실 산둥성은 한국 기독교 역사와도 관계가 있는 곳이다. 귀츨라프가 사역했던 곳이고, 한국에 선교정책을 제시한 네비우스가 있던 곳이며, 토마스 선교사가 머물며 조선 선교를 꿈꾸던 곳이었고, 존 로스가 잉커우로 가기 전에 머물던 선교 본부가 있던 곳이었다.

래양으로 사역지가 결정된 것은 이미 옌타이를 답사하고 온 박태

로의 조언과 산둥 지방에 있던 주재 중국 선교부와 협의하에 이루어
졌을 것이다. 이미 래양에는 미국 북장로교 선교부가 있었지만 그들
은 철수하여 조선의 선교사들에게 그 지역을 넘겨주었다고 한다.[11] 어
쩌면 래양이라는 작은 지역을 설정하여 조선의 첫 선교사들이 어떻게
선교하는지를 주시했는지도 모르겠다. 그곳은 생각보다 좁은 지역이
었다. 조선 선교사 3인은 래양 사역지 30리 안에서만 사역이 인정되
었다. 서울로 따지면 여의도가 있는 원효대교에서 강남 영동대교까지
의 지역이다. 중국의 거대한 영토를 생각할 때 그곳은 변방 중의 변방
일 뿐이었다. 하지만 하나님은 이 작은 지역에 전 세계에서 가장 가난
한 나라, 그것도 나라를 잃은 연약한 사람들을 보내셨다.

우리가 약할 때에 너희가 강한 것을 기뻐하고 또 이것을 위하여
구하니 곧 너희가 온전하게 되는 것이라 고린도후서 13:9

낮은 자를 높이 드시고 애곡하는 자를 일으키사 구원에 이르게
하시느니라 욥기 5:11

그러나 하나님께서 세상의 미련한 것들을 택하사 지혜 있는 자
들을 부끄럽게 하려 하시고 세상의 약한 것들을 택하사 강한 것
들을 부끄럽게 하려 하시며 하나님께서 세상의 천한 것들과 멸

---

11 "선교사 방효원가의 중국 산동성 선교에 관한 연구: 방효원, 홍승한, 방지일 선교사의 생애와 신학사상
을 중심으로", 연세대 연합신학대학원, 1996; 민경운, 《제주와 산동선교 이야기》, p.171 재인용

시 받는 것들과 없는 것들을 택하사 있는 것들을 폐하려 하시나니 이는 아무 육체도 하나님 앞에서 자랑하지 못하게 하려 하심이라 너희는 하나님으로부터 나서 그리스도 예수 안에 있고 예수는 하나님으로부터 나와서 우리에게 지혜와 의로움과 거룩함과 구원함이 되셨으니 기록된 바 자랑하는 자는 주 안에서 자랑하라 함과 같게 하려 함이라 고린도전서 1:27-31

1913년 산둥으로 파송된 세 명의 선교사의 품 안에는 한 권의 책이 있었다. 예상대로 성경책이었다.

선교사 파송과 관련된 모든 비용은 조선의 교회들이 1년에 한 번 날을 정해 걷은 헌금으로 충당했다. 외부의 도움을 받은 것이 아니라

조선예수교장로회 파송으로 산둥반도 래양에서 사역한 (왼쪽부터) 박태로, 김영훈, 사병순 선교사. 그들의 품 안에는 성경책이 한 권씩 있었다.

내부 교회들의 자체 헌금으로 선교사 파송을 감당한 것이다.

1913년 11월, 박태로, 김영훈, 사병순 세 명의 선교사는 가족을 동반하고 먼 길을 떠났다. 평양에서 기차를 타고 중국의 안동현(지금의 단둥)으로 향했다. 1906년에 용산에서 신의주를 연결하는 경의선이 개통되었고, 1911년 11월에는 압록강 철교가 준공되었다는 기록으로 봐서, 당시 이들 세 선교사 가정은 평양에서 기차를 타고 평안남북도를 지나쳐 조선과 중국의 국경 지역인 압록강변의 도시 단동까지 이동했을 것이다. 단동에서 하루 머문 뒤 배를 타고 다롄(大連)을 거쳐 산둥반도의 관문 항구인 옌타이까지 이동했을 것이다. 당시는 평양에서 서울로 와서 다시 제물포로 이동한 뒤 옌타이로 가는 길보다는 평양에서 바로 단동과 다롄을 거쳐 가는 노선이 더 편리했던 것 같다. 그 이동 경로에 관한 기록이 이상규의 신문조서에 남아 있다. 이상규는 기독교인이었는데, 1939년에 독립운동을 하다 잡힌 이초생의 재판에 증인으로 신문을 받았던 것 같다. 다음은 그 신문 조서의 기록이다. 이 신문조서에 1913년의 세 선교사 이야기가 잠시 언급되어 있다.

당시 21세의 9월 하순경 나는 당시 조선기독교장로회로부터 산동성으로 파견하는 선교사 박태로, 사병순, 김영훈 등 3인 및 그 가족 등과 함께 기차로 안동현(安東縣)까지 가서 1일 체재한 후 제14 교도마루(共同丸) 호를 타고 대련(大連)을 경유하여 래양에 동년 10월 상순경 도착하고, 나는 그곳의 신도학교(信道學校)에 남고, 위 3인의 선교사 등은 산동성 래양(山東省來陽城)이라는

현재의 래양역 ⓒLee

곳으로 갔다.[12]

이상규의 증언에 의하면, 세 선교사는 1913년 10월 상순 옌타이에 도착했다. 그 해 9월 하순에 출발해서 10월 상순에 래양에 도착했다니 거의 한 달이 걸린 셈이다. 거리도 거리지만 세 가족이 함께 움직이다 보니 기동력이 더 떨어졌을 것이다. 더구나 어린아이도 있었다. 그들은 그곳에 뼈를 묻을 각오로 여정에 올랐다. 잠시 경험하러 가는 게 아니라 그곳 사람으로 살기 위해, 그곳에서 예수 그리스도의 십자가를 살아 내기 위해 가는 것이었다.

그러나 그들은 다른 서양 선교사들과 달리 사역비가 넉넉지 않았다. 더구나 나라를 잃은 작은 나라에서 왔다고 중국인들에게 무시를 당했다. 서양 선교사들은 병원을 짓고 학교를 세우고 하는데 그들은

---

12 《한국독립운동사 자료집》, 국사편찬위원회; 민경운, 《제주와 산동선교 이야기》, p.190 재인용

오로지 성경 한 권 품에 안고 전도하러 다닐 뿐이었다. 중국인들의 눈에 그들은 한심하기 짝이 없었을 것이다.

인간적인 관점에서 보면, 나라도 없는 식민지의 조선인이 달랑 성경책 한 권 들고 그 척박한 땅에 복음을 심으러 들어간다는 생각 자체가 무모하기 짝이 없다. 서양 선교사들처럼 그 지역에 유익한 시설을 지어 주고 그것을 계기로 복음을 심어도 모자랄 판에[13] 과연 이들이 그 땅에서 무엇을 할 수 있단 말인가. 당시 사람들도 그렇게 생각했다는 것이 기록에 남아 있다.

> 박태로, 김영훈, 사병순 이 세 명의 한국 선교사들이 산동에 도착했을 때 그들은 크게 당황했다. 중국 교회나 그곳에서 사역하는 미국 선교사들이 그들을 파트너로 여기지 않았기 때문이다.[14]

래양현(萊陽縣)에 선교사 일행이 도착하자 그들을 돕기로 되어 있던 그곳의 중국인 전도자가 일행을 한번 쳐다보고는 떠나 버렸다. 새로운 사역자들에게 자신의 일자리를 잃게 될까 봐 두려웠던 걸까? 중국인 전도자(A Chinese Evangelist)가 졸지에 떠나 버리자 선교사 일행은 가련한 신세가 되었다.[15] 중국의 그리스도인조차 무시하는 형편이니

13 　김교철, "초기 한국장로교회의 타문화권 교회 설립에 관한 선교학적 고찰:1913년부터 1957년까지 중국 산동과 만주국을 중심으로", 아세아연합신학대학원 박사 논문, p.22

14 　David. J.cho. "the growth of korean missions and its controbutions to world evangelization"

15 　WM. C. Kerr pp71-72; 김교철, "한국장로교회의 초기3인의 선교사-박태로, 사병순, 김영훈 목사", 한국선교KMQ Vol.9. No.2. 통권32호 (2009년 겨울) 재인용

우리에게도 익숙하게 느껴지는 현재 래양
의 시장 모습 ©Lee

일반 중국인들은 말해야 무엇 하겠는가. 아무런 주저함 없이 집 안에
들어와서 그들을 조롱하듯 쳐다보고는, 그런 그들을 쫓아내려는 눈빛
만 보여도 욕지거리와 비난으로 대응했다.[16] 그들 눈에는 자기 나라도
지키지 못한 사람들이 도대체 무슨 선교냐 싶어 한심하게 생각했을
것이다.

뼈를 묻을 각오로 따라나선 가족의 고통은 또 어땠겠는가. 특히
아이들은 도처에서 위협을 받았을 것이다. 먹는 것도 잘 맞지 않았을

16 같은 자료

뿐 아니라 식재료를 구하기도 쉽지 않아 잦은 복통에 시달렸다. 쌀이 없어서 조밥을 해 먹으며 견뎠다는 기록도 있다.[17]

　　외적으로도 내적으로도 곤란에 처한 선교사들, 그들이 의지할 것은 돈도 명예도 아닌 오직 말씀밖에 없었다. 성령의 임재와 예수님의 사랑밖에는 의지할 것이 없었다.

> 우리는 그리스도 때문에 어리석은 사람이 되었지만, 여러분은 그리스도 안에서 지혜 있는 사람이 되었습니다. 우리는 약하나, 여러분은 강합니다. 여러분은 영광을 누리고 있으나, 우리는 천대를 받고 있습니다. 우리는 바로 이 시각까지도 주리고, 목마르고, 헐벗고, 얻어맞고, 정처 없이 떠돌아다닙니다. 우리는 우리 손으로 일을 하면서, 고된 노동을 합니다. 우리는 욕을 먹으면 도리어 축복하여 주고, 박해를 받으면 참고, 비방을 받으면 좋은 말로 응답합니다. 우리는 이 세상의 쓰레기처럼 되고, 이제까지 만물의 찌꺼기처럼 되었습니다. 내가 이런 말을 쓰는 것은 여러분을 부끄럽게 하려는 것이 아니라, 나의 사랑하는 자녀들같이 훈계하려는 것입니다. 그리스도 안에서 여러분에게는 일만 명의 스승이 있을지 몰라도, 아버지는 여럿이 있을 수 없습니다. 그리스도 예수 안에서 복음으로 내가 여러분을 낳았습니다. 고린도전서 4:10-15 새번역

17　같은 자료

하지만 하나님이 누구신가? 가장 낮은 자를 들어 쓰시고, 세상이 조롱하고 손가락질하는 사람을 쓰시며, 약할 때 강함이 되시는 분이 지 않은가. 궁핍하고 조롱 받고 창피하고 부끄러운 이때, 다시 조선으로 돌아가고 싶은 마음이 굴뚝같던 이때, 하나님은 그들을 놀랍게 사용하신다.

박태로, 김영훈, 사병순 선교사는 모두 북쪽 지방 출신이다. 박태로는 함경도 출신이고, 김영훈은 성경 번역을 주도했던 조선인 번역자와 같은 의주 출신이었다. 사병순은 평양 인근 지역에서 사역하던 목사였다. 그들은 만주로부터 시작된 한글성경 번역의 수혜자로서 평양 대부흥을 경험했다. 부흥을 경험한 자들만이 알 수 있는 강한 믿음의 소유자들이었던 것이다.

래양은 내지라서 필요한 물자를 구하기가 쉽지 않아 무엇보다 그곳 생활과 문화에 적응하는 것이 시급했다. 음식, 잠자리, 언어… 어느 것 하나 쉬운 게 없었지만 하루빨리 그들처럼 먹고 그들처럼 자고 그들처럼 말하고 그들의 문화와 습관을 습득해야 했다.

크리스마스에는 근처 감옥을 찾아가 전도하는 등 그들의 눈물겨운 노력 끝에 마침내 적지만 세례를 받는 사람들이 생겨났다. 그리고 1915년에는 래양성 내에 교인 수가 40여 명, 평균 30여 명이 모였고, 세 명의 중국인에게 세례를 주었다.[18] 래양에 들어간 지 2년 만에 토착화에 성공한 것이다. 첫 세례자가 생겼을 때의 감격은 이루 말할 수

18   제5회 조선예수교장로회 총회록, 1916, p.28

옛날 래양 감옥이 있던 자리. 현재는 산동연태감옥과 산동신원그룹이 함께 사용하고 있다. ©Lee'

없었을 것이다.

산둥반도에서 사역하던, 우리에게 곽현덕으로 알려진 미국인 목사 헌터 코벳(郭顯德 · Hunter Corbett)은 다음과 같이 기록했다.

지금 82세요 53년 전에 연대에 래하였으며, 49년 전에 평양성에 래하야 선교사(토마스를 말함—필자 주) 살해한 사건을 문사하야 보았는데, 기시에는 조선국에 신자 1인이 무하더니 지금은 교회가 왕성하야 중국에 선교사까지 파견을 하였으니 실로 감사하다.[19]

1866년 토마스 목사가 대동강에서 목숨을 잃은 후, 당시 산둥 지역 옌타이에서 사역하던 헌터 코벳은 미국의 통역관으로서 제너럴셔먼 호 침몰 사건 조사팀과 함께 조선에 왔던 것 같다. 미국은 자국의

---

19   이일영, "중국산동여행기(속)", 기독신보(1916년 8월 23일)

상선인 제너럴셔먼 호와 그 선원들이 어떻게 되었는지 그 진상을 알아보기 위해 1867년 1월 와슈세트 군함을 파견했다. 군함에는 130여 명의 해군 해병대가 타고 있었다. 이때 코벳이 통역관으로 동행했던 것 같다. 와슈세트 호의 함장인 슈펠트(Robert Shufeldt)는 제너럴셔먼 호를 공격한 이유를 묻고, 이에 대한 해명을 요구했다. 하지만 조선 정부는 당장 조선에서 철수할 것을 요구했다. 슈펠트는 조선 사람들이 제너럴셔먼 호 선원들을 중국인 해적으로 오해해 공격했다는 소식을 듣고 철수했다고 한다.[20]

선교사를 살해한 땅, 그 땅에서 온 선교사들이 맺은 열매를 보며 헌터 코벳은 어떤 생각을 했을까? 선교사를 죽이고 박해한 땅에서 선교사가 온 것도 놀라운데, 열매 맺기 힘든 내지의 래양에서 선교의 사명을 다한 그들을 바라보며 코벳의 마음은 감사로 넘쳤을 것이다.

이렇듯 겨우 전도의 열매를 맺기 시작한 조선 선교사들에게 시련이 닥쳤다. 박태로 선교사가 병으로 인해 다시 조선으로 가야 했던 것이다. 래양은 당시 서양식 병원이 없었기 때문에 선교사들은 병에 걸리면 며칠을 걸려 옌타이까지 나와야 했다. 아마도 박태로 선교사가 옌타이에 있는 서양식 병원에서 치료를 받고 완쾌되어 래양으로 돌아간 것이 아니라, 조선으로 간 것을 보면 박태로 선교사의 병환이 깊어 본국에서 장기간 안정을 취해야 했던 것 같다. 1916년의 일이었다.

1870년생인 박태로 선교사는 세 명의 선교사들 중에서 가장

---

20 옥성득, 《첫 사건으로 본 초대 한국교회사》, 짓다

연장자였다. 김영훈 선교사가 1877년생이었고, 사병순 선교사가 1878년생이었다. 가장 맏형인 박태로 선교사의 부재는 두 선교사에겐 위기였을 것이다.

결론적으로 1917년, 김영훈 선교사와 사병순 선교사 두 가정은 박태로 선교사가 조선으로 돌아간 뒤, 선교지를 이탈하고 말았다. 조선장로교총회에 보고도 없이 미국으로 가 버린 것이다. 교인 수가 증가하고 열매를 맺기 시작하던, 어쩌면 선교에서 가장 중요한 시기에, 갑자기 선교지에 있어야 할 세 선교사가 모두 떠나 버린 것이다. 김영훈, 사병순 선교사는 왜 사명을 저버리고 말도 없이 선교지를 이탈해 버린 것일까?

사실 그들은 준비가 안 된 상태로 선교사가 되었다. 선교사 파송 결정도 그랬지만 선교지 결정도 너무 섣불렀다. 그들은 선교 현지에 대한 공부도 하지 않았고 선교사 훈련도 받은 적이 없었다. 현지 적응 훈련 기간도 없이 바로 언어를 습득해야 하는 동시에 사역해야 했다. 선교사 가정을 위한 여건도 마련되지 않았고 자녀들의 교육 문제도 준비되지 않았다.[21] 언어와 문화, 음식, 잠자리 등 어느 것 하나 제대로 준비된 것 없이 성경 한 권 들고 떠난 그야말로 무모한 도전이었다.

당시 그들은 여러 차례 본국에 자녀들의 교육 문제, 예배 처소 문제, 사역비 문제 등을 해결해 줄 것을 요청했지만, 본국은 본국대로 어쩔 수 없는 사정이 있었던 것 같다. 어쨌거나 세 명의 선교사가 떠

21　김교철, "초기 한국장로교회의 타문화권 교회 설립에 관한 선교학적 고찰:1913년부터 1957년까지 중국 산동과 만주국을 중심으로", 아세아연합신학대학원 박사 논문, pp.28-29

나 버림으로써 가장 당황한 것은 래양의 기독교인들이었을 것이다.

김영훈 선교사와 사병순 선교사는 아마도 당시 옌타이에서 활동하던 미국 선교사들의 도움을 받고 미국으로 떠났을 것이다. 그들이 처한 어려움을 공감한 누군가가 미국으로 갈 수 있도록 주선해 주었을 것이다. 어쨌든 선교사가 보고도 없이 선교지를 이탈한 것은 그리스도인으로서 전혀 덕이 되지 않는 행동이었다.

하지만 그 실패는 진정한 실패가 아니었다. 하나님은 실패를 통해 다시 일어서게 하시고, 그분의 일을 이루시고야 마는 분이기 때문이다. 어쩌면 실패 역시 하나님의 일을 이루시기 위한 계획이었을 것이다.

두 선교사가 이탈했다는 소식을 듣고 박태로 선교사는 가만있을 수 없었다. 어렵게 세운 교회와 교인들이 걱정되어 견딜 수 없었다. 결국 그는 병든 몸을 이끌고 다시 래양으로 향했다. 래양으로 향하는 박태로 선교사의 마음이 어땠을까? 차창 밖으로 보이는 풍경을 바라보며 그는 무슨 생각을 했을까? 두 선교사가 선교지를 이탈할 수밖에 없는 환경과 상황을 잘 알기 때문에, 그들을 이해하려는 마음도 있었을 테고, 원망하는 마음도 동시에 있었을 것이다. 도대체 하나님의 뜻은 무엇인지 묻고 또 물었을 것이다.

> 울며 씨를 뿌리러 나가는 자는 반드시 기쁨으로 그 곡식 단을 가지고 돌아오리로다 시편 126:6

다행히 병든 몸을 이끌고 가는 박태로 선교사의 긴 여정에 방효원이라는 32세의 젊은 목사가 동행했다. 그들은 걱정과 허무함, 피곤함과 절망감이 밀려오는 중에도 하나님의 일하심을 기대하며 긴 여정에 올랐다.

내가 5월 7일에 박태로 목사와 동반해서 십일 만에 래양성에 도착했는데, 교인들이 선교사 온다는 기별을 듣고 고대하다가 십리 밖에 나와 영접하고 이튿날 온 외촌에 있는 교우 43인이 모여 환영하는 대접을 받고 그 후 주일에 집사 3인을 선거하고 박태로 씨는 신병이 중하여 옌타이로 나올 때에 교우 30여 인이 새벽에 모여 기도하고 통곡함으로 전별하였으며 일기가 점점 심히 더워 육신 곤고 중 혼자 중국말도 알아듣지 못하고 답답한 것은 말 다할 수 없으나 15일간 외촌 믿는 자를 심방하면서 예배도 하고 권면도 하여 믿기로 작정한 자 25인 중 9인은 주일 잘 지키고 가는 곳마다 친절한 사랑을 많이 받았사오며 글 쓴 종이를 중히 여기는 풍습이 있음으로 전도지를 잘 받아 간수한다.(방효원, 1917년)[22]

방효원의 보고에서도 알 수 있듯이, 박태로 목사가 중국에 다시 도착하자 중국 교인들은 십리 밖까지 나와서 박태로 목사를 환영하고 기뻐하며 대접했다. 박태로 목사는 방효원 목사와 함께 교회를 정비하며 주일에 집사 세 명을 세웠다. 그리고 방효원 목사에게 인수인계

22　제6회 조선예수교장로회 총회 회록

를 했던 것 같다. 박태로 목사가 그 일을 마치고 다시 고국으로 돌아가기 위해 옌타이로 나왔을 때 30여 명의 교인이 새벽에 모여 기도하고 통곡하며 전별했다는 것으로 봐서, 그들은 진정한 사랑의 공동체를 이루고 있었던 게 아닌가 한다. 박태로 목사가 떠난 뒤 혼자 남은 방효원 목사는 날도 덥고 말도 못 알아들어 답답했다고 전하고 있다. 그럼에도 15일간 믿는 자를 심방하고 예배드리며 권면했고 가는 곳마다 친절한 사랑을 받았다고 전하고 있다.

고국으로 돌아온 박태로 목사는 다음 해 가을, 황해도 집에서 48세의 나이에 천국으로 떠났다. 박태로 목사가 다시 이어 놓은 선교의 끈은 끊어지지 않았다. 박태로 목사를 이어 방효원 선교사가 세워졌고 그 뒤를 방효원 선교사의 여동생과 결혼한 매제 홍승한 선교사, 박상순 선교사, 김윤식 의사, 이대영 선교사, 김순호 선교사, 방지일 선교사가 선교의 끈을 이어 갔다. 1958년 중국이 중화인민공화국이 되면서 방지일 선교사가 산둥에서 한국으로 어쩔 수 없이 귀국하게 되었지만, 그 선교의 끈은 아직도 산둥 지역에서 사역하는 선교사들을 통해 이어지고 있다. 그리고 계속 그 사역을 이어 갈 누군가를 하나님은 기다리고 계실 것이다.

이 많은 선교사들이 왜 래양에 갔을까? 특히 의사였던 김윤식은 왜 갔을까? 갑작스런 의문이 든다. 사실 그 의문엔 이미 답이 있다. 그들은 하나님의 마음을 가진 사람들이었다. 하나님께서 주신 마음, 그 음성에 순종함으로 그 험한 길을 마다하지 않고 간 것이다. 그리고 우리가 순종할 때, 하나님은 순종하는 그 사람을 통해 새 일을 행하신다.

1913년에 보잘것없이 시작된, 세계에서 가장 작은 교단인 조선예수교장로회의 산둥 래양 선교는 고작 30리밖에 안 되는 작은 지역에서 시작되었지만, 1919년 11월에 이르면 래양 전 지역과 주변 평도, 지모 일부 지역까지 허용되고 확대되었다. 또한 미국 선교사들은 그들이 세운 현지 교회들과 학교들을 조선 선교사들에게 인계해 주었다. 인수 받은 교회들과 학교들, 그리고 넓은 선교지를 관리하기 위해 조선 선교사들은 지역을 나누어 각 교회를 담당했다.

하나님의 사업이 확장되어 갈 즈음, 박상순 선교사와 함께 래양에 온 사람이 있었다. 1917년 세브란스 의대를 졸업한 그는 장래가 촉망 받는 의사였다. 당시 서양식 의술을 배운다는 것은 흔치 않은 일이었으므로 큰 도시에서 병원을 차렸다면 아마 많은 돈을 벌었을 것이다. 하지만 그는 아버지의 권고와 하나님이 주신 마음을 따라 래양에 도착했다. 그의 이름은 김윤식이다. 그는 래양이라는 낙후된 지역에 첫 서양식 병원인 계림의원을 세우고 서양식 진료를 시작했다. 당시 중국인들은 그를 아편 장사로 오해하기도 했지만, 병원이 커지면서 지역에 영향력을 가진 유지가 되었고 후에는 청두에 병원을 세우고 그곳의 조선인 교회의 운영과 설립에 중요한 역할을 했다고 한다.

너희가 성경에서 영생을 얻는 줄 생각하고 성경을 연구하거니

성경을 통해 은혜를 입은 조선. 그 조선의 사람들은 당연히 성경을 들고 산둥에 갔다. 여건상 처음부터 의료선교나 교육선교를 할 수는 없었지만, 그들은 그들의 신앙을 성숙시킨 사경회와 성경을 가지고 선교를 했다. 그렇게 시작된 선교사 파송을 통해 하나님은 이 민족을 선교에 눈뜨게 하셨다. 그리고 이것은 한글성경으로부터 시작된 성경 기독교의 역사와 맥이 닿아 있었다.

옌타이 항구를 한눈에 내려다볼 수 있는 옌타이산 공원은 우리나라 기독교 역사와 한글성경 번역과 깊은 인연이 있는 곳이다. 토마스 선교사가 평양으로 떠나기 전까지 머물렀던 곳이기도 하고, 한국에서 사역한 서양 선교사들에게 많은 영향을 준 네비우스도 이곳에 있었다. 존 로스도 잉커우로 떠나기 전에 이곳에 머물렀다. 한편, 앞서 살펴본 박태로 선교사도 이곳을 통해 래양으로 향했을 것이다.

옌타이산 공원 내의 등대에서
바라본 옌타이와 공원 전경
©Lee

옌타이산 공원은 서양 건물이 많은 곳이다. 당시 이곳은 조계지였다. 미국 대사관 건물과 영국 대사관 건물이 아직 남아 있다. 미국 대사관 건물은 박물관으로 사용 중이고, 영국 대사관 건물은 갤러리로 사용되고 있다. 옌타이산의 꼭대기엔 등대가 있는데, 등대에 올라가면 옌타이의 항구와 해변의 전경을 한눈에 조망할 수 있다.

등대에서 바라본 옌타이 항구는 아름다웠다. 옌타이 항구에서는 인천으로 가는 배편도 있다. 비행기로 인천에서 옌타이까지 1시간 거리다. 배로도 비행기로도 가장 가까운 거리에 있는 중국이다.

등대에서 나와 오른쪽 길을 따라 내려가면 긴 숙소동이 보이는

옌타이산 등대

등대에서 바라본 항구 전경 ⓒLee

데 동해관 세관의 기숙사였다고 적혀 있다. 토마스 선교사가 평양으로 떠나기 전에 세관에서 일했기 때문에 아마 이곳에 묵었을 것이다. 건물 안의 뒷문이 열려 있어 안으로 들어가 보니, 그곳은 웨딩 촬영을 위한 스튜디오로 꾸며져 있었다. 더 이상 그곳은 기숙사가 아니라 웨딩 비즈니스를 위한 공간이 된 것이다. 정문 앞의 조그마한 팻말만이 그곳이 아주 오래전 동해관 세관의 기숙사였다는 사실을 말해 줄 뿐이다. 토마스는 이곳에 묵으며 바다 건너 조선을 생각했을 것이다. 먼저 떠난 아내를 떠올렸을 것이다. 그리고 묵상하며 하나님과 친밀한 시간을 가졌을 것이다.

길을 따라 더 내려오다가 나는 연합교회를 발견했다. 교회는 아마도 조계지 내에 있었기 때문에 각국의 서양 선교사들, 혹은 영사관이나 대사관 직원들이 함께 모여 예배드리는 곳이었을 것이다. 그곳의 문은 닫혀 있었다. 입구에 십자가 표시가 남아 있지만, 바로 앞뜰에 거대한 웨딩 사업 광고판이 설치되어 있고, 입구 왼쪽으로 웨딩 비

토마스 목사가 살았을 동해관 세관 기숙사 건물 ©Lee

즈니스 회사라는 푯말이 있다. 그곳은 한때 연합교회였으나 지금은 교회가 아니라 웨딩 사업체에서 사용하는 공간이 되었다. 이곳에서 많은 서양 선교사들이 함께 예배를 드리고 중국과 조선의 선교를 위해 기도했을 것이다. 나도 잠시 기도했다. 오랜 시간 기도가 쌓여 왔듯이 하나님의 때에 당신의 계획이 이루어질 것이라고, 그때에 나를 도구로 사용해 달라고 기도했다.

나는 잠시 옌타이에서 가장 큰 위생당병원을 찾았다. 이 병원은 앞서 평양과 인연이 있었으며 박태로 선교사를 치료하기도 했던, 그리고 김영훈, 사병순 선교사가 미국으로 가는 데 도움을 주었을 것이라고 추측되는 헌터 코벳 선교사가 세운 병원이다.

나는 옌타이를 떠나 래양으로 고속철을 타고 이동했다. 래양은 생각보다 규모가 작은 도시였다. 중심가를 기준으로 동서남북에 큰 문이 있는데, 서문 쪽에서 박태로, 김영훈, 사병순 선교사가 교회를 세우고 사역을 했다. 하지만 현재는 아무런 문도 남아 있지 않고, 그

옌타이, 위생당병원 ⓒLee

저 대략적인 위치만 확인할 수 있을 뿐이다.

나는 우선 래양시 기독교회를 찾아가기로 했다. 세 명의 선교사가 래양에 뿌리를 내리면서 1958년까지 교회가 있었으나 지금은 사라지고 없다. 그러나 다행히 래양시 기독교회가 그 명맥을 유지하고 있다. 나는 래양시 기독교회를 찾기 위해 택시를 탔다. 하지만 택시기사는 지도를 보더니 그냥 내리라고 했다. 걸어갈 거리라는 것이다. 나는 택시에서 내려 택시기사가 가리키는 방향으로 걸어가기 시작했다. 오토바이 가게를 지나자 금세 십자가가 보였다. 삼자교회인 래양시 기독교회였다. 그리고 근처에 있던 어느 아저씨 덕분에 내가 지나쳐 온 길에 있던 이전하기 전의 옛 교회 터를 찾을 수 있었다.

래양시 기독교회는 주일에만 문을 열기 때문에 안으로 들어갈 수는 없고 다만 밖에서 건물을 살펴보는 정도로 만족해야 했다. 래양시 기독교회는 북문 근처에 있었는데 나는 서문 쪽으로 이동했다. 서문 쪽에 래양에서 가장 오래된 도서관이 있었다. 나는 도서관에 들러 오래된 지명이 표시된 책이나 관련 도서가 있는지 살펴보았지만 찾을 수가 없었다. 도서관에서 다시 시내 중심부로 이동해 가다 보면 박태로 선교사와 사병순, 김영훈 선교사가 처음으로 도착해 생활을 시작한 곳으로 추정되는 지역이 있다. 하지만 역시 정확한 지명을 알 수도 없고 교회도 남아 있지 않아 아쉬웠다.

서문 쪽에서 나는 다시 남문 쪽으로 걸어갔다. 그곳은 서문의 조선 선교사들이 모두 떠난 뒤에 그 뒤를 이어 방효원, 홍승한 선교사가

래양시 기독교회의 옛 성전 ⓒLee

오른쪽 건물의 2층이 래양시 기독교회의 현재
성전이다. 시장으로 들어가는 초입에 있다.
ⓒLee

래양시 기독교회의 입구 ⓒLee

래양 난관(南關)교회의 부흥 집회 모습(사진: 사단법인 방지일 목사 기념사업회 제공)

방효원 선교사가 서문 쪽에서 남문 밖으로 사역지를 옮겨 난관교회를 세웠던 지역 © Lee

교회를 시작한 곳이다. 남문 밖에 교회를 세우고 난관(南關)교회라고 불렀다고 한다.

여기저기 흩어져 있는 오래된 기사와 기록 등에 난관교회가 아직 남아 있다고 해서 기대감을 가지고 찾아가 보았으나 나는 나의 눈을 의심할 수밖에 없었다. 난관교회가 있었다고 알려진 곳은 재개발로 이미 폐허가 된 상태였다.

마을 전체가 모두 갈아엎어져 마치 전쟁이 일어난 것처럼 부서져 있었다. 폐허로 무너진 이곳 어딘가에 1910년대에 세워진 교회가 있었을 것이다. 하나님은 왜 난관교회를 흔적도 없이 사라지게 하신 것일까? 사진 속 난관교회 사람들은 어떻게 되었을까?

당시 박태로, 사병순, 김영훈 선교사가 떠난 뒤에 그 뒤를 이어 사역을 시작한 방효원, 홍승한 선교사는 점점 더 넓은 지역으로 사역 영역을 확장해 갔다. 1958년 마지막 선교사였던 방지일 선교사가 이곳을 떠나기 전까지, 이곳에서 많은 선교사들이 사역했다.

나는 조선의 선교사들에 의해 세워진 교회의 흔적을 더 찾아보기 위해 래양 근처 지모라는 곳으로 이동했다. 지모는 조선 선교사들이 역시 오랫동안 사역하던 지역으로 이곳에 많은 교회를 세웠다. 나는 궁자좡(宫家庄)교회를 방문하기로 했다. 조선의 선교가 확장되면서 미국 선교사가 인계해 준 교회다.

고속철을 타고 30분 정도 가서 도착한 지모역은 우리나라 시골

(왼쪽) 방효원 선교사, (오른쪽) 방효원 선교사의 아들 방지일 선교사가 죽은 딸을 묻고 중국인 교인 양유쉬 장로와 함께 찍은 사진(사진: 사단법인 방지일 목사 기념사업회 제공)

역사 같았다. 나는 줄을 서서 택시를 타고 궁좌좡으로 이동했다. 하지만 택시기사가 차를 세운 궁좌좡은 허허벌판의 공사장이었다. 래양의 남문 지역과 마찬가지로 이곳도 재개발 지역으로 선정되어 마을 전체가 대규모 아파트 공사장으로 변해 있었다.

미국 북장로교 선교사들로부터 인계 받아 교회를 부흥시켰던 궁좌좡교회가 있던 곳 ⓒLee

100여 년 전 이곳에 조선 선교사들이 일군 교회가 있었을 것이다. 이곳에서 사람들은 하나님을 배우고 예수님의 사랑을 알며 그분을 주님으로 영접했을 것이다.

마른 풀이 우거진 곳을 지나쳐 부서진 건물 잔해들 위에 올라 카메라를 들었다. 흙먼지가 이는 척박한 공사장일 뿐이었다.

나는 다시 택시를 타고 지모에서 100년 된 중학교인 지모일중(지모일중학교) 앞에서 내렸다. 이 근처에서 이대영 선교사와 홍승한 선교사가 교회를 세우고 사택을 지어 생활했다. 100년 전이면 1916년, 아마도 조선 선교사들은 이 학교 앞을 지나다녔을 것이다.

　나는 과거의 흔적을 찾아 인근 지역까지 한참을 돌아다녔지만, 교회와 사택으로 사용되던 곳은 이미 사라지고 없었다. 모수강가에 있었다던 이대영 선교사의 선교센터와 사택 터도 역시 재개발되어 대규모 아파트 단지가 들어서고 있었다. 선교센터는 의료센터와 학교로도 사용되었다고 한다.

　그러다 십자가가 새겨진 건물 하나를 발견했다. 새로 지어지는 교회인지 아니면 교회 형태를 모방한 다른 용도의 건물인지는 알 수 없었다. 공사장 안으로 들어가 건물 입구로 갔더니 문이 닫혀 있었다. 더 돌아가자 옆문이 살짝 열려 있어서 안으로 들어갔다. 여기저기 건

지모 예배당 낙성식(교회 건축을 축하하는 의식). 조선의 성도들이 헌금을 모아 건축할 수 있었다.(사진: 사단법인 방지일 목사 기념사업회 제공)

지모교회에서 운영되던 성경 공부반(도리반). 글자를 모르는 사람들을 위해서 글자도 가르쳤다. 성경 공부는 격월로 보름간 하거나 절기마다 한 달간 했으며, 덕분에 이곳 사람들의 성경 지식이 상당했다고 전해진다.(사진: 사단법인 방지일 목사 기념사업회 제공)

지모교회와 이대영 선교사의 선교센터와 사택이 있던 지역. 대규모 아파트 단지가 들어서고 있다. 아파트 공사장 앞에 흐르는 모수강은 갈대와 풀들로 뒤덮여 있다. ⓒLee

지모교회가 사라진 자리에 지어지고 있는 정체불명의 예배당 ⓒLee

물 자재들이 지저분하게 널려 있고 시멘트가 그대로 있었으며 페인트가 칠해지지 않은 채였다. 하지만 분명한 것은, 예배당 형태를 갖추고 있다는 것이다. 중국인들이 서양식 결혼을 좋아해서 웨딩 업체가 짓는 교회일 수도 있다. 다음에 혹시 다시 오게 되면 이곳이 교회인지 아닌지 확인해야 봐야겠지만, 나는 이곳이 예배당이었으면 좋겠다고 기도했다. 이렇게 대규모로 개발되는 아파트 단지에 사람들이 입주하게 되면, 이 교회에서 찬송 소리가 울려 퍼지길 기도했다.

한창 진행 중인 재개발로 인해 폐허가 되어 버린 그 땅을 카메라로 담으면서 생각했다. 하나님은 왜 이곳에 나를 보내신 것일까? 온통 공사장뿐인 이곳에서 무엇을 찍을 수 있단 말인가. 허망하고 슬픈 마음이 일어 잠시 기도하는데, 하나님께서 내게 말씀 하나를 주셨다.

너희는 이전 일을 기억하지 말며 옛날 일을 생각하지 말라 보라 내가 새 일을 행하리니 이제 나타낼 것이라 너희가 그것을 알지 못하겠느냐 반드시 내가 광야에 길을 사막에 강을 내리니 장차 들짐승 곧 승냥이와 타조도 나를 존경할 것은 내가 광야에 물을, 사막에 강들을 내어 내 백성, 내가 택한 자에게 마시게 할 것임이라 이 백성은 내가 나를 위하여 지었나니 나를 찬송하게 하려 함이니라 이사야 43:18-21

그랬다. 사람은 교회도 눈에 보이지 않고 당시에 울려 퍼지던 아름다운 찬양도 들을 수 없어서 오래전 선교사들의 열정적인 헌신이 의미 없는 것처럼 느껴질지 모르지만, 하나님은 그렇게 생각하지 않

지모교회의 풍금
-
(사진: 사단법인 방지일 목사 기념사업회 제공)

으신다. 순간 눈물이 터져 나왔다. 이 황폐한 곳에 하나님께서 새 일을 행하실 것임을 믿기 때문이다. 대규모 아파트가 들어서면 오랜 세월 기도가 쌓이고 쌓인 이곳에 예수를 믿는 사람들이 살아가며 그때처럼 예배를 드릴 것이다. 그들이 이곳에 조선인 선교사들이 한 알의 밀알처럼 심겨졌음을 알든 모르든 그것은 상관이 없다. 하나님께서 사막에 강을 내듯이 이곳에 교회를 세워 그분이 택하신 백성들의 찬송을 기뻐 받으실 것이다.

번역된 한글성경은 우리 민족을 변화시키고, 커다란 부흥을 경험하게 하셨다. 그리고 나라를 빼앗긴 와중에도 주의 말씀에 순종해 선교사들이 이곳에 왔다. 성경책 한 권 말고는 가진 게 없는 그들이 의지할 것은 하나님 한 분밖에 없었다. 말씀 하나 붙잡고 걸어간 그들의 인생이 바로 '코리안 바이블 루트'라는 생각이 들었다. 우리도 누군가에게 코리안 바이블 루트가 되어야 하지 않을까?

11

한국과 네팔 T부족의
평행이론

◊

온 가족이 하루 종일 걸어서 산을 넘어와 예배를 드렸다.
그리고 예배를 마친 그날 밤 교회의 좁은 방에서
온 가족이 잠을 자고 다음 날 아침에 집으로 떠났다.
아침에 떠나야 해가 지기 전에 집에 도착한다고 했다.
우리 믿음의 선배들도 이들과 같았으리라.

◊

2017년 봄, 한국에서 아주 멀리 떨어진 네팔에서 140여 년 전 우리 민족에게 일어났던 한글성경 번역의 기적과 같은 일이 일어났다. 3만 5천 명의 부족을 위해 한국인 J선교사와 현지 번역자들이 20여 년을 번역해 드디어 신약이 나왔고, 그 성경을 주신 것을 감사하는 봉헌식이 열리게 된 것이다.

네팔 T부족(부족의 이름을 밝힐 수 없어 T로 약칭한다)의 언어로 번역된 성경은 대한성서공회에서 인쇄되었다. 그리고 한국인 10여 명이 대한성서공회에서 인쇄된 성경을 T부족에게 전달하는 역할을 맡았다.

네팔은 종교의 자유가 있지만 전도의 자유는 없다. 대다수의 국민들이 힌두교를 믿고 있고, 나머지 대부분은 불교를 믿는다. 기독교 인구는 100만 명 정도로 전체 인구의 3.3% 정도다. 선교사들이 이곳에서 선교 활동을 하다가 붙잡히면 추방당할 수 있다. 네팔은 힌두교와 불교의 영향이 절대적인 나라다.

140여 년 전 한국의 상황도 무속신앙과 유교, 불교의 영향 아래 있었고, 기독교를 믿으면 목숨을 잃을 수 있었다. 과거와 현재라는 시간과 한국과 네팔이라는 공간의 차이만 있을 뿐 하나님의 일하심은 그때나 지금이나 동일하다.

네팔의 T부족에게 성경을 전달하고 봉헌식을 갖기 전, 수도인 카

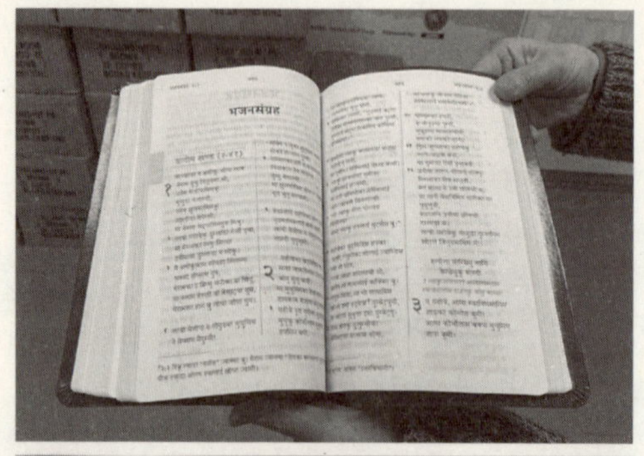

네팔 T부족의 언어로 번역된 성경(대
한성서공회 발행본) ©Lee

네팔 카트만두에 있는 파탄교회에서
열린 T부족 성경 봉헌식 ©Lee

트만두에서 전 세계에서 봉헌식을 축하하기 위해 모인 사람들과 함께
예배를 드렸다. 그 예배는 축제 분위기였다.

그리고 며칠 뒤 번역된 성경을 싣고 한국에서 온 성경 전달자
10여 명과 미국, 독일, 스위스, 홍콩, 몽골 등 세계 각처에서 봉헌식을
위해 모인 사람들이 T부족이 살고 있는 산속으로 길을 떠났다. 카트
만두 국내선 공항에서 경비행기를 타고 T부족에서 가장 가까운 솔로
쿰보의 파블루 공항을 향해 출발했다.,

비행기를 타고 날아가는 동안 창밖으로 히말라야산맥을 감상할 수 있었다. 구름 위로 솟아오른 흰 산은 거대한 자연을 선물해 주신 하나님에 대한 경외감을 느끼기에 충분했고, 이리도 작은 인간을 사랑하셔서 사용하시는 하나님께 감사함을 느끼기에 충분했다.

공항의 활주로는 상상할 수 없을 만큼 짧아서 세계에서 가장 위험한 공항이라는 악명이 붙어 있다. 당연히 경비행기만 착륙할 수 있다. 우리는 성경이 담긴 박스를 들고 높은 계단을 올라 공항 위쪽의 큰 도로까지 나갔다. 큰 도로라 봐야 차 두 대가 겨우 지나가는 비포장도로다. 우리는 우리를 기다리고 있던 5대의 지프에 나눠 탔다. 앞으로

ⓒLee

©Lee

도 4시간을 더 달려야 T부족의 첫 번째 마을에 당도하게 될 것이다.

그렇다. 우리가 이곳에 온 이유는 T부족에게 그들의 언어로 된 성경을 전달하기 위함이다. 이제 하나님은 3만 5천 명의 영혼이 깃든 언어로 당신의 말씀을 하실 것이다.

길은 너무 험했다. 차 한 대가 간신히 지나갈 수 있는 길이어서 어쩌다 마주 오는 차를 만나면 거의 낭떠러지로 떨어질 것 같은 공포를 느껴야 했다. 군데군데 거대한 돌들이 떨어져 있어 안 그래도 비포장도로를 깊게 패 놓았다. 오프로드를 좋아하는 사람들에게는 스릴만점일지 모르나 이런 길을 4시간이나 달려야 한다니 난감한 일이었다.

험한 히말라야산맥의 어느 정상에 세워져
있는 놀이공원 ⓒLee

　　30년은 되어 보이는 낡은 차의 기어가 제대로 작동되지 않아 기사는 중간중간 손을 집어넣어 이리저리 조작해 가며 운전을 했다. 문을 닫아도 마스크를 써도 앞차에서 내뿜는 검은 매연과 흙먼지가 그대로 차 안으로 들어왔다. 그래도 이 길을 차를 타고 갈 수 있어 다행이었다. 길이 없던 과거에는 걸어서 이 산을 넘었을 것이다.

　　한참 달리다 차가 진흙에 빠지고 말았다. 우리가 내려 갖은 힘을 다 썼지만 꼼짝하지 않고 헛바퀴만 돌았다. 기어이 거대한 산악 트랙터가 와서야 끈으로 묶어 차를 끄집어냈다. 그러나 그것으로 끝난 건 아니었다. 움푹 파인 진흙 웅덩이를 각자 돌을 기저와 메워야 했다.

　　차는 그렇게 진흙에 빠지고, 기어가 빠지기를 반복하며 굽이굽이 긴 비포장 산악 길을 달렸다. 재미있는 것은 넘어가던 어느 산 정상에 놀이공원이 있었다는 것이다. 작은 대관람차, 여러 가지 놀이기구들이 보이는 놀이공원에서 아이들이 즐거워하고 있었다. 어떻게 이 산 정상에 놀이공원이 있을까? 하나님의 사랑이 느껴졌다.

어느 순간 차가 멈췄다. 더 이상 갈 수 없기 때문이다. 우리는 이제 걸어서 갈 각오를 해야 했다. 그나마 다행스럽게도 가까이에 교회가 있었다. 사실은 얼마 전 교회까지 오는 도로가 생겨 우리가 걷는 거리가 훨씬 줄어들었다.

차에서 내려 우리는 좁은 도로를 따라 걸었다. 교회는 양철지붕을 얹은, 마치 슬레이트로 지은 집 같았다. 건물 바깥에 공동 야외 주방이 있어서 사람들이 나무를 때 밥을 하고 있었다. 아마도 우리를 위한 식사 준비인 듯했다. 네팔 사람들은 하루에 두 끼를 먹는다고 한다. 아침을 먹고, 밤 8시쯤 저녁을 먹고 바로 잠자리에 든다. 불을 피

예배에 참석한 사람을 먹이기 위한 음식 준비. 물소고기와 밥, 카레 ⓒLee

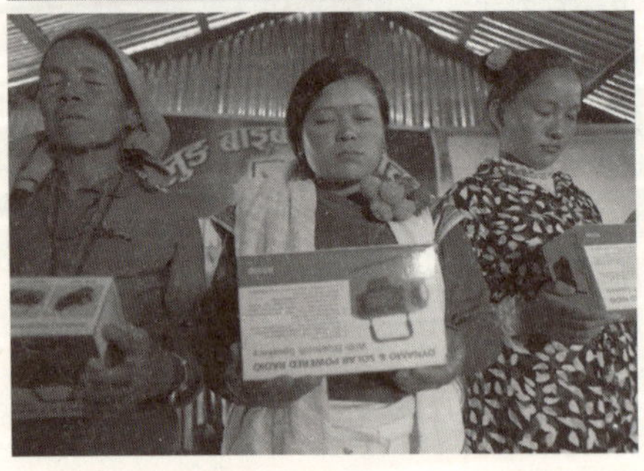

음성 성경이 들어 있는 플레이어를 들고 감사기도를 드리는 사람들 ⓒLee

우고 식사 준비를 하는 모습이 우리나라 시골 풍경과 닮았다.

놀랍게도 이 깊은 곳에서 스마트폰이 터졌다. 예전엔 2시간을 걸어가야 겨우 통화가 가능했는데 지금은 그런 수고를 하지 않아도 되었다. 덕분에 이곳 사람들은 작은 마이크로 SD카드에 담겨진 음성 성경을 스마트폰에 끼워 듣고 있었다. 이제 음성 성경은 종이 성경만큼이나 커다란 역할을 하게 되었다.

T부족은 3만 5천 명가량인데 인도 북부지방에 3천 명가량 살고 있고 나머지는 네팔에 살고 있다. 이렇게 부족이 흩어진 데는 역사적이고 경제적인 이유가 있을 것이다. 중국과 인도 사이에 끼어 있는 나라 네팔, 예부터 네팔은 인도에 매우 의존적이었다. 히말라야에서 내려오는 물을 이용하면 세계에서 두 번째로 많은 수력 전기를 만들어 낼 수 있음에도 인도의 간섭으로 개발을 못하고 있다. 그런 점에서도

부족의 언어로 번역된 성경을 들고 행진해서 예배당으로 향하고 있다. ⓒLee

성경 봉헌 예배 ©Lee

예배에 참석하기 위해 산길을 걸
어가는 사람들 ©Lee

네팔은 우리와 많이 닮았다. 우리 역시 일본과 중국, 러시아, 미국 등 강대국에 둘러싸여 그들의 영향에서 벗어나지 못하고 있지 않은가.

다음 날 아침부터 늦은 밤까지 봉헌식과 예배가 이어졌다. 20년 동안 성경을 번역한 선교사의 헌신을 하나님은 기쁘게 받으셨다. 청년 시절의 선교사 사진을 보면서 많은 사람들이 눈물을 흘렸다. 사진에는 이 깊은 곳에 들어와 그들의 언어를 배우며 그들과 함께 생활한 모습이 그대로 그려져 있었다.

아이를 안고 온 자매들 ©Lee

그들은 예배를 드리기 위해 산속의 이곳저곳에서 먼 길을 걸어왔다. 짐을 머리에 이고, 아기를 업고 먼 길을 걸어서 왔다. 대략 200명가량이 모인 것 같다. 이들에게 예배란 무엇일까? 그렇다면 한국 교회의 성도들에게 예배란 무엇일까? 나에게는? 이들은 예배를 드리기 위해 산을 넘고 물을 넘어왔다. 시간이 얼마나 걸리든 상관없이 예배가 중요해서 모인 사람들이다. 우리 심령에 그런 갈급함이 있는가? 우리 예배는 그렇게 갈급하게 드려지고 있는가?

140여 년 전 성경이 번역되어 사경회를 열었을 때, 우리 믿음의

20년 만에 T부족의 언어로 번역된 신약성경을 판매하고 있다. ⓒLee

아이에게 부족의 언어로 된 성경을 선물한 엄마 ⓒLee

선조들도 머리에 쌀을 이고 아이를 등에 업고 산을 넘고 물을 건너 교회에 왔다.

예배에 참석한 T부족의 많은 사람들은 험한 산길을 걸어왔다. 어떤 가족은 하루 종일 걸어서 산을 넘어 예배를 드린 다음 교회의 좁은 방에서 하룻밤 잔 뒤 다음 날 일찌감치 길을 나섰다. 그래야 해가 지기 전에 집에 도착한다고 했다. 예배를 드리기 위해 3일을 꼬박 드리는 것이다. 우리 믿음의 선배들도 그랬으리라.

사람들은 자신의 언어로 번역된 성경을 보고 매우 감동했다. 기뻐하며 감사했다. 이들의 이 기쁨, 감사, 감동이 우리에게 회복되어야 할 것이다.

하나님은 이 부족을 사랑하신다. 우리 민족을 사랑하신 것처럼. 우리에게 우리의 언어로 된 성경을 주셔서 우리가 부흥을 경험했듯

이, 이 부족에게도 그들의 언어로 된 성경을 주셔서 부흥을 경험하게
하실 것이다. 우리가 그 성경을 들고 열방을 향해 나가 복음을 전했듯
이, 그들도 복음의 사명자가 될 것이다.

네팔은 세계에서 가장 높고 거대한 산맥과 산들로 둘러싸여 있어
서 소통에 장벽이 생길 수밖에 없다. 이 부족과 저 부족이 왕래하려면
어쩌면 목숨을 잃을지도 모르는 험한 산을 넘어야 했다. 그래서 각자
사용하는 언어가 다르다. 네팔은 언어의 백과사전이라고 일컬을 만큼
다양한 언어를 사용한다. 지금도 정부의 손이 미치지 않는 곳에 사는
부족과 마을이 있다고 한다.

T부족처럼 다른 부족의 언어로 성경을 번역하는 작업이 지금도
진행되고 있다. 하지만 그 방법이나 과정은 100년 전과 사뭇 다르다.
예전엔 선교사 한 명이 들어가 부족의 언어를 배우고 현지인을 고용
해 번역했다면, 지금은 선교사가 트레이닝 그룹을 만들어 그들로 하
여금 성경을 번역하도록 한다. 그들의 언어로 성경을 번역할 수 있는
가장 적합한 사람은 아무래도 그 부족 사람이기 때문이다. 대신에 선
교사는 그들을 교육해서 더 살 번역하도록 돕는다. 과거 20년 가까이
걸리던 것이 요즘은 번역 기술의 발달로 12~13년이면 된다고 한다.

너희 생각에는 어떠하냐 만일 어떤 사람이 양 백 마리가 있는데
그 중의 하나가 길을 잃었으면 그 아흔아홉 마리를 산에 두고 가
서 길 잃은 양을 찾지 않겠느냐 진실로 너희에게 이르노니 만일

찾으면 길을 잃지 아니한 아흔아홉 마리보다 이것을 더 기뻐하
리라 이와 같이 이 작은 자 중의 하나라도 잃는 것은 하늘에 계
신 너희 아버지의 뜻이 아니니라 마태복음 18:12-14

하나님은 작은 자들에게 관심이 많으시다. 100마리 양 중에 한
마리가 사라지면, 그 한 마리 양을 찾아 나서시는 분이다. 세계에서
가장 작은 나라 중의 하나, 가장 가난한 나라 중의 하나였던 조선. 하
나님은 아무도 거들떠보지 않는, 그 연약한 나라에 많은 선교사를 보
내 주시고 한글로 번역된 성경을 주셨다. 그리고 그들의 마음에 작은
나라에 대한 마음을 주시고 이 땅에 오게 하셨다. 하나님은 결코 작은
자를 외면하시는 분이 아니다. 하나님은 오히려 그들을 먼저 보시는
분이다. 그런 분이 우리의 하나님임이 너무나 기쁘고 감사하지 않은
가?

바리새인과 그들의 서기관들이 그 제자들을 비방하여 이르되
너희가 어찌하여 세리와 죄인과 함께 먹고 마시느냐 예수께서
대답하여 이르시되 건강한 자에게는 의사가 쓸 데 없고 병든 자
에게라야 쓸 데 있나니 내가 의인을 부르러 온 것이 아니요 죄인
을 불러 회개시키러 왔노라 누가복음 5:30-32

죄인을 위해 오신 예수님, 병든 자를 위해 오신 예수님, 그분은

도대체 왜 우리를 이토록 사랑하시는 걸까? 그분은 왜 우리에게 한글 성경을 주신 것일까? 우리를 향한 특별한 계획은 무엇일까? 다시 처음으로 돌아가 질문하게 된다. 그 마지막 퍼즐을 찾아 나는 다시 중국 단동으로 향했다.

T부족 교회 아이들 ©Lee

12

통일과 회복,
그리고 유라시아를 향해

◊

한국이 아시아와 세계의 발전을 위해 차지할
중요한 위치에 대해 현재 알고 있는 사람은 별로 없다.
중국에 가장 인접한 한국의 위치는
가장 소중한 기회에 가장 놀라운 영향을 그 나라에 미칠 날이 있을 것임을
분명히 보여 주고 있다.
한국이야말로 아시아의 복음화에 절대적인 공헌을 남길 것이다.

(The Report of The British and Foreign Bible Society, London, 1908년 3월)

◊

압록강은 북한과 중국의 국경이다. 김정일이 죽은 뒤, 중국은 압록강변에 철책을 설치했다고 한다. 그 이전에는 철책이 없었다는 얘기다. 길게는 수백 미터, 짧게는 십 미터 거리의 압록강을 사이에 두고 북한과 중국이 마주하고 있다.

단동은 중국에서 북한으로 갈 수 있는 여러 관문 도시 중 크고 중요한 도시다. 항구와 육지를 함께 끼고 있는 교통의 요충지이자, 전략적 군사 요충지이기도 하다. 사실 전 세계에서 북한으로 들어갈 수 있는 관문은 중국이다. 대부분의 북한 땅이 중국과 맞닿아 있다. 남쪽으로는 남한과 삼팔선으로 막혀 있기 때문에 북한은 중국을 통해서 모든 것을 공급 받을 수 있고 모든 것을 내보낼 수 있다. 물론 러시아와 접한 지역도 있지만 극히 적다.

한국에서 단동에 갈 수 있는 방법은 배와 비행기 두 가지다. 단동에 도착하면, 북한을 눈앞에서 볼 수 있다. 단동 시내에서 상변 쪽으로 이동하면, 북한의 신의주가 보인다. 그리고 국경을 따라 서쪽으로 내려가다 보면 호산장성에 오를 수 있는데, 그 산성 위에서 의주를 볼 수 있다. 의주는 한국 기독교 역사에서, 그리고 한글성경 번역의 역사에서 너무나 중요한 곳이다. 하나님은 의주 상인들의 자유로움과 진취성, 도전정신을 사용하셨다. 그들은 돈을 벌기 위해, 가족을 먹여

(위) 북한 신의주와 중국 단동 사이에 있는 넓은 압록강
(아래) 중국 호산장성과 북한 어적도 사이에 있는 짧은 압록강 ⓒLee

12 통일과 회복, 그리고 유라시아를 향해

살리기 위해 국경을 넘어 장사를 해야 하는 절박함을 갖고 있었다. 하나님은 그런 절박함 가운데 그들을 사용하셨다.

의주, 그곳에 지금 우리나라 사람들은 갈 수가 없다. 누구나 아는 것처럼 철책으로 가로막혀 있고, 국경을 넘어갈 수 없다. 그런데 안타까운 사실은 의주에 갈 수 없는 사람은 전 세계에서 우리나라 국적을 가진 사람들뿐이라는 것이다. 미국 사람들도, 영국 사람들도, 유럽의 그 어떤 나라 사람들도, 아시아의 사람들도 신청을 하고 허가를 받으면 북한에 들어갈 수 있다. 국제 정세와 정치 상황에 따라 조금씩 바뀌긴 하지만, 관광도 할 수 있다. 하지만 유일하게 대한민국 국적을 가진 사람들은 그곳에 들어갈 수가 없다. 하나님은 왜 이런 상황을 허락하셨을까? 도대체 무엇 때문에, 민족이 나뉘는 걸 허락하신 것일까? 왜 그것을 막지 않으신 걸까?

사실 우리는 하나님의 뜻을 모두 알 수 없다. 그 놀라운 하나님의 계획과 우리를 사랑함으로 이루어 가시는 일들을 어떻게 다 알 수 있겠는가?

여전히 국경은 닫혀 있다. 북한과 남한 내부 문제와 갈등은 물론 주변 강대국의 이해관계가 얽히고설켜 굳게 닫힌 국경은 언제 열릴지 알 수 없다. 그런데 이런 현실은 공교롭게도 140년 전의 상황과 너무도 닮아 있다.

140년 전 당시는 중국이 국경 지역까지 신경 쓸 겨를이 없었다. 만주족이 세운 청나라는 1840년대 아편전쟁과 난징조약으로 휘청거렸다. 결국 1911년 신해혁명이 일어나고, 1912년 왕권이 무너지면서 청나라가 막을 내렸다. 여러 열강의 약탈 속에서 점점 쇠약해 가고 있던 1870~1880년대에는 국경에까지 중앙정부의 힘이 미치지 못했다.

조선의 국운도 마찬가지였다. 흥선대원군과 중전 민씨가 세력 다툼을 일삼는 동안 나라는 부정부패로 병들어 갔고 주변 열강들은 호시탐탐 조선을 노렸다. 쇄국만이 살 길이라 믿은 흥선대원군은 국경을 더 굳게 걸어 잠갔고, 수만 명의 천주교인을 잡아 죽였다.

140년 전 조선 사람들은 다른 세계와 단절되고 고립된 채 불안한 삶을 살아야 했다. 지금 북한의 백성들도 그렇다. 140년 전 무능력한 정부로 인해 백성이 고통을 당해야 했듯이 지금 북한의 백성도 고통을 겪고 있다. 140년 전 사람들은 이 혼란스럽고 고통스런 세상에서 건져 줄 구원이 필요했다. 지금 북한의 백성도 그렇다.

그런데 다른 것이 있다. 그때는 남과 북이 분단되지 않았지만 지금은 철저히 나뉘어 있다. 조금도 왕래가 허용되지 않는다.

당시 우리 민족은 만주와 일본을 통해 번역된 성경을 받았고, 그 성경을 통해 하나님을 먼저 알았다. 선교사들이 들어와 사역을 시작할 때, 그 성경을 통해 먼저 복음을 받은 자들은 중요한 역할을 감당하며 한국 교회의 토착화에 헌신했다. 그리고 수십 년 만에 성령의 불길이 평양 대부흥을 일으켰다. 나라 잃고 가난하지만 부흥을 경험한 사람들은 땅끝까지 전하라는 예수님의 명령에 순종해 선교사를 파송하기에 이르렀다.

그러나 그 후로도 우리 민족은 많은 아픔을 겪어야 했다. 당시는 우리 민족뿐 아니라 전 세계가 고통 가운데 있었다. 일본 제국주의의 침략으로 35년간 나라를 잃었고, 러시아의 강제 이주 정책으로 연해주에 살던 사람들이 시베리아 횡단 열차에 강제로 태워져 카자흐스탄과 우즈베키스탄에 버려졌다. 우슈토베에 처음 버려진 사람들은 아무것도 없는 동토에 땅굴을 파고 들어가 살아야 했다. 그리고 뒤이어 찾아온 전쟁으로 나라는 결국 나뉘고 말았다.

남한은 독재와 부정부패의 어둠 속에서도 기독교의 부흥을 경험했지만, 곧 교회가 병들어 회복을 바라고 있다. 북한은 분단 후 기독교를 더 이상 공개적으로 믿을 수 없는 나라가 되었다. 몇몇 교회만 국가 관리로 남고 나머지는 모두 사라지자, 탄압과 박해 속에서도 믿음을 지킨 사람들은 지하교회로 숨어 들어가 지금도 목숨을 건 예배를 드리고 있다.

하나님은 왜 우리 민족에게 이 같은 아픔을 겪도록 하신 걸까? 북한은 북한대로, 남한은 남한대로 하나님의 구원이 필요한 이 같은 상황을 왜 허락하신 걸까? 대답은 회복이다. 하나님은 남한과 북한에 각각 다른 시련을 주시고 훈련하심으로 회복되기를 바라고 계신다. 회복은 다시 그 자리로 가지 않는다는 뜻이다. 상처 난 부분이 나을 뿐 아니라 새 살이 돋는 것을 의미한다.

남한은 회복이 필요하다. 물질은 풍요로워졌으나 영성은 가물었다. 북한은 이와 반대의 회복이 필요하다. 물질은 가난하나 그들의 영성은 성장했다. 우리로선 짐작할 수도 없는 죽음의 고통 속에서 그들은 믿음을 지키며 영적으로 성장했다. 어떤 사람은 통일이 되면 남한 교회가 북한 교회를 영적으로 이끌어 주어야 한다고 말하지만, 그건 어쩌면 틀린 말일 수 있다. 남쪽의 교회들이 북쪽의 교회를 물질적으로 도와줄 수는 있지만, 영적으로는 고난의 영성을 가진 북한의 교회에게서 배우고 깨달아야 할 것이다. 그래서 통일해야 한다. 통일은 남한과 북한 모두에게 서로의 부족한 부분을 채워 주는 회복의 열쇠를 제공해 줄 것이다.

38선 말고, 다른 쪽 경계, 그곳은 북한과 중국의 국경이다. 압록강과 두만강은 중국과 북한의 국경이 되어 흐르고 있다. 140여 년 전, 이 국경을 넘어 만주로 간 사람들은 성경을 가지고 다시 돌아와 자신의 마을을 변화시켰다. 앞서 말한 의주 사람들이다. 그들은 먹고살기 위해 위험을 무릅쓰고 국경을 넘은 사람들이다. 고려문에 형성된 장터에서도 팔고 멀리 잉커우와 선양까지 가서 팔았다. 돈은 벌었을지 몰라도 하루해가 지면 돌아갈 것이 없는 나그네의 삶이었다. 고단한 인생이었다. 그런 그들을 하나님은 찾아가 만나 주셨다.

하나님을 만난 사람들은 다시 고향으로 돌아갔다. 그들을 변화시킨 성경을 들고 하루라도 빨리 고향에 가서 두고 온 가족과 친척들에게 이 놀라운 진리를 전하기 위해서였다. 백홍준은 자신이 살던 동네를 변화시키고, 도시를 변화시키고, 그리고 평안도를 변화시켰다. 식자공이었던 김청송은 자신이 살던 즙안으로 돌아가 그 골짜기의 사람들을 변화시키고, 그 지역을 변화시키고, 국경을 따라 형성된 조선 사람들의 마을을 변화시켰다. 그리고 그들 하나하나의 변화는 결국 북쪽 지역 전체를 변화시키고 복음이 널리 퍼져 나가게 했다.

오늘날 북한에서 국경을 넘어 중국으로 온 사람들은 어떨까? 그들도 의주 상인들처럼 돈을 벌기 위해 목숨을 걸고 국경을 넘는다. 고단한 그들을 하나님은 지금도 찾아가서 만나 주신다. 그들도 의주 상인들처럼 복음을 들은 뒤 어김없이 고향으로 돌아가 이 기쁜 소식을 전한다.

최근 북한을 탈출해 남한이나 제3국으로 가는 탈북자가 많이 줄었다고 한다. 하지만 불과 20년 전만 해도 굶어 죽는 사람이 많을 만큼 북한의 사정이 심각했고 따라서 탈북자가 많았다. 그들 중에는 국경을 넘다 사살되기도 하고, 다시 붙잡혀 심한 고문을 당하거나 강제 수용소로 끌려가기도 했다. 그런데 놀랍게도 그런 위험을 무릅쓰고 국경을 넘은 뒤 다시 돌아간 사람들이 있다. 기쁜 소식, 복음을 전하기 위해서다. 그들은 살기 위해 북한을 탈출했으나 복음을 들고 그 땅을 살리기 위해 다시 돌아간 것이다.

그런 그들의 믿음 앞에 우리는 작아질 수밖에 없다. 교회를 세습하고 헌금을 가로채는 목사, 선교는 뒷전이고 자기들끼리 친분을 쌓는 데만 관심이 많은 성도, 빚을 내서라도 교회 건물을 더 크게 짓고 헌금을 강요하는 교회… 뉴스를 통해 쏟아져 나오는 한국 교회의 부끄러운 모습이다. 하지만 하나님은 분명히 말씀하신다.

네 하나님 여호와께서 이 사십 년 동안에 네게 광야 길을 걷게
하신 것을 기억하라 이는 너를 낮추시며 너를 시험하사 네 마음
이 어떠한지 그 명령을 지키는지 지키지 않는지 알려 하심이라
너를 낮추시며 너를 주리게 하시며 또 너도 알지 못하며 네 조상
들도 알지 못하던 만나를 네게 먹이신 것은 사람이 떡으로만 사
는 것이 아니요 여호와의 입에서 나오는 모든 말씀으로 사는 줄
을 네가 알게 하려 하심이니라 이 사십 년 동안에 네 의복이 해
어지지 아니하였고 네 발이 부르트지 아니하였느니라 너는 사
람이 그 아들을 징계함같이 네 하나님 여호와께서 너를 징계하
시는 줄 마음에 생각하고 네 하나님 여호와의 명령을 지켜 그
의 길을 따라가며 그를 경외할지니라 네 하나님 여호와께서 너
를 아름다운 땅에 이르게 하시나니 그곳은 골짜기든지 산지든
지 시내와 분천과 샘이 흐르고 밀과 보리의 소산지요 포도와 무
화과와 석류와 감람나무와 꿀의 소산지라 네가 먹을 것에 모자
람이 없고 네게 아무 부족함이 없는 땅이며 그 땅의 돌은 철이
요 산에서는 동을 캘 것이라 네가 먹어서 배부르고 네 하나님 여
호와께서 옥토를 네게 주셨음으로 말미암아 그를 찬송하리라

신명기 8:2-10

하나님의 명령을 지켜 그의 길을 따라가며 그를 경외하라고 성경
은 분명히 가르치고 있다. 우리에겐 회복이 필요하다. 그리고 그 회복

을 통해 하나님은 그분의 놀라운 계획을 펼치실 것이다. 남과 북이 다시 하나가 되어 통일 한국이 될 때를 하나님은 기다리고 계신다. 그리고 통일 한국은 오래전 이 땅에 있었던 대부흥을 다시 일으키게 될 것이고, 그 부흥은 이제 다시 전 세계로 퍼져 나가게 될 것이다. 부흥은 이 땅을 변화시키고, 주변 나라들을 변화시키고, 아시아를 변화시키고, 유라시아를 변화시킬 것이다. 이 일에 디아스포라 그리스도인들이 사용될 것이다. 역사의 흐름 속에서 전 세계로 흩어져 살아야 했던 디아스포라 그리스도인들이 변화의 다리가 될 것이다.

이를 위해 그리스도인들이 계속 준비하며 함께 선을 이루어야 할 일이 있다. 그것이 무엇인지, 각자에게 맡기신 그 사명이 무엇인지 각자 기도해야 하지 않을까? 그 불꽃을 일으킬 기름을 준비해야 하지 않을까?

첫 해외 선교사 파송 이후 세계 곳곳에 선교사를 파송하는 지금까지, 그 은혜의 첫 단추는 한글성경 보급에 있었다. 그것은 성경이 얼마나 중요하며, 얼마나 능력 있는지를 증거한다. 이는 말씀이 곧 살아 계시고 역사하시는 하나님임을 증거하고 있다. 우리말로 하나님의 사랑이 번역된 이 사실은 한국 기독교 역사에서 잊지 말아야 할 중대한 사건이며 더없는 하나님의 축복이자 은혜다.

혼란스러운 근현대사를 지나며 우리 민족은 여러 갈래로 흩어졌다. 국경을 넘어 중국으로 갔고, 멕시코로 갔고, 연해주로 간 이주민들은 러시아의 강제 이주 정책에 따라 전혀 다른 동토의 땅 우슈토베까지 뿌려졌다. 카자흐스탄과 우즈베키스탄까지 흩어진 것이다. 그리고 해방의 기쁨도 잠시, 전쟁과 함께 분단의 아픔을 겪는 동안 교회는 반토막이 나고 말았다. 하지만 하나님은 이후에 한쪽엔 양적 부흥을 주셨고, 다른 한쪽엔 지하교회로 들어가 영적 성숙을 이루게 하셨다.

이 모든 것은 우연이 아니다. 하나님의 계획 가운데 이루어진 일들이다. 그 계획은 지금도 실행 중에 있다. 통일을 통해 열방을 향한 엄청난 일을 준비하고 계신 것이다. 민족을 흩으시고, 고난을 통해 깊은 영성을 주신 주님은 그것을 통해 더 많은 것들을 이루실 것이다. 이제 이 질곡의 고난으로 점철된 역사는 유라시아를 관통해 갈 것이다.

이 땅의 회복을 향한 기적의 열쇠는 통일이며, 그리고 그 회복을 통해 하나님은 우리 민족을 그분의 계획 가운데 사용하실 것이 분명하다. 우리는 선교를 위해 부름 받은 나라다. 열강들에 둘러싸인 힘없는 우리이기에 하나님은 그 약함을 강하게 쓰실 것이다. 하나님께서 이 땅에 한글성경을 먼저 주신 이유는, 이 민족의 신앙이 빨리 그리고 깊이 자라게 하셔야 했기 때문일 것이다.

자유로운 영혼의 선교사 귀츨라프는 1932년 동인도회사의 로드 앰허스트 호를 타고 서해안 일대와 백령도, 창선도 등을 지나 고대도에 머물렀다. 고대도에 한 달간 머무는 동안 귀츨라프는 한문성경과 전도용 소책자, 그리고 의약품을 나눠 주면서 복음을 전했다. 그리고 그는 한글 자모표까지 만들었다. 귀츨라프는 제주도의 가파도에 대해 다음과 같은 기록을 남기기도 했다.

가파도는 잘 경작되고 대단히 편리한 곳에 위치하여 만일 무역관을 설치한다면 일본, 한국, 만주, 몽골, 중국과의 무역이 아주 쉬울 것이다. 그러나 그렇게 되지 않는다 해도 이곳 가파도는 선교 기지로 될 수 있지 않겠는가? 조선 정부가 이 섬에 어떤 억제정책을 쓸지 알 수 없으나 이곳에 선교의 기반(基盤)을 구축하기만 한다면 뉴질랜드나 래브라도(Labrador), 그린란드(Greenland)에서 경험한 것보다 덜 위험하다는 것을 확신한다. 한 가지 진리는 가파도가 기독교를 수용하지 못할 아무런 이유가 없다는 것이다.

한국은 지리적으로 선교의 요충일 수밖에 없다. 조선은 육지와도 연결되어 있고, 바다로도 연결되어 있다. 또한 일본을 거쳐 태평양으로 연결되며, 중국을 통해 더 깊은 내지로 들어가는 관문이 된다. 귀츨라프는 오래전에 동아시아를 여행하면서 하나님의 시선으로 이 사실을 주목한 것이다.

귀츨라프뿐이 아니다. 새뮤얼 모펫(마포삼열) 선교사는 1910년 영국 에든버러에서 열린 세계선교대회에서 다음과 같이 말했다.

우리는 한국이 일본이나 중국 등 이웃 나라들과 같이 군사 대국이나 통상 대국이 되리라고 기대하지는 않는다. 그러나 그 나라가 하나의 기독교 국가, 하나의 영적 강대국이 될 수는 있지 않을까? 아마도 중국과 일본 심지어 러시아까지를 포함하는 열강 제국들에게 영적으로 깊은 영향을 미치는 극동 지역의 영적 대국은 될 수 있지 않을까? 위대한 경제적 군사적 강대국이던 아시리아, 바벨론과 로마에 복속되어 부끄러움을 당하고 포로로 잡혀가기까지 했던 작은 유대 나라를 들어 세계의 위대한 영적 대국으로 만드셨던 하나님께는 그것이 불가능한 일이 아니다.

마포삼열이 이런 일이 가능하다고 생각했던 이유가 한국의 사경회 때문이다. 아마도 한글성경이 없었다면 사경회는 그렇게 빠른 시간에 생기지 않았을 것이며 그렇게 많은 사람이 모이지 못했을 것이다. 한글성경이 있었기 때문에 말씀을 더 깊이 묵상할 수 있었고 그 말씀을 살아 있는 말씀으로 받을 수 있었던 것이다.

하나님으로부터 성경 기독교를 선물로 받은 이 땅, 이 땅은 먼저 축복을 받았다. 그 축복이 흘러넘쳐 이제 우리를 통하여 다시 나가야 할 때가 왔다. 그때가 통일의 때가 아닐까?

지난 시간 동안 코리안 바이블 루트를 탐색하면서, 나는 한국, 중국, 일본, 네팔의 여러 곳을 다녔다. 그러는 동안 나를 가장 크게 두드린 생각은 통일이었다. 중국의 동북 지역을 돌아다닌다는 것은 결국 북한을 바라보는 일이었다. 한글성경이 번역되고 그 성경이 퍼져 나간 지역은 많은 곳이 북한 땅이었다. 그리고 당시에는 통일된 민족이었다. 북한 땅을 바라보면서, 그때나 지금이나 하나님은 저 땅을 두드리고 계시는구나, 그런데 왜 그때나 지금이나 모든 상황이 동일할까? 하나님은 왜 그렇게 하셨을까? 그런 질문이 들었다. 그런데 문제는 하나님이 아닌 우리의 문제였다. 하나님은 동일하게 일하고 계신데,

우리가 동일하지 않은 것이다. 성경을 전하고 복음을 전하던, 그것이
생명이며 삶이던 믿음의 선배들의 절박함과 간절함이 왜 우리에겐 없
는 걸까?

> 예수께서 이르시되 나의 양식은 나를 보내신 이의 뜻을 행하며
> 그의 일을 온전히 이루는 이것이니라 너희는 넉 달이 지나야 추
> 수할 때가 이르겠다 하지 아니하느냐 그러나 나는 너희에게 이
> 르노니 너희 눈을 들어 밭을 보라 희어져 추수하게 되었도다 거
> 두는 자가 이미 삯도 받고 영생에 이르는 열매를 모으나니 이는
> 뿌리는 자와 거두는 자가 함께 즐거워하게 하려 함이라 그런즉
> 한 사람이 심고 다른 사람이 거둔다 하는 말이 옳도다 내가 너
> 희로 노력하지 아니한 것을 거두러 보내었노니 다른 사람들은
> 노력하였고 너희는 그들이 노력한 것에 참여하였느니라 요한복음
> 4:34-38

우리는 하나님 안에서 하나의 통일을 이루어야 한다. 지금 당장
우리 앞에 놓인 숙제는 남과 북의 통일이지만, 결국 남과 북의 통일뿐
만 아니라 동아시아의 하나된 회복을 위해 달려가야 한다. 16세기에
이미 엄청난 부흥을 경험한 일본은 현재 기독교가 1% 미만일 만큼
무너져 있다. 일본이 회복되고, 한국과 일본의 관계, 중국과 일본의
관계, 한국과 중국의 관계가 하나님 안에서 회복될 때 동아시아는 하

나님 안에서 엄청난 추진력을 얻어 유라시아를 관통해 갈 것이다. 다시 그분이 회복하시려는 열방을 향해 나아가게 될 것이다. 우리 민족이, 그리고 회복된 동아시아가 열방을 섬기게 될 것이다. 많은 도로와 길들이 생기고, 그 도로와 길을 따라 많은 사람이 찬양하고 예배하며 복음을 전하게 될 것이다.

만주에서 처음 번역된 한글성경은 평안도 사투리로 된 성경이었다. 표준말보다 자신들의 사투리로 된 성경은 그들에게 가장 이해하기 쉬운 최적화된 성경이었을 것이다. 더구나 한문을 모르는 대부분의 사람들이 당장에 읽을 수 있는 책이었을 것이다.

한편, 일본에서 처음 번역된 한글성경은 한글에 토를 다는 방식으로 지식인들이 읽기에 좋았다. 소리로 읽으며, 그 소리의 뜻까지 좀 더 풍부하게 이해할 수 있었던 것이다. 일본에 유학 온 지식인층이나 관리들이 읽기에도 좋은 책이었다.

그렇게 만주와 일본에서 처음으로 번역된 성경은 완전히 다른 특성을 갖고 있었다. 그 다른 특성은 보다 빠르게, 보다 광범위한 계층의 사람들이 성경을 읽을 수 있게 만들었다. 그것이 조선이라는 작은 나라에 하나님의 말씀이 온전히 퍼지게 할 수 있었던 하나님의 양면 작전이었던 셈이다. 하나님은 그만큼 이 땅을 사랑하셨고, 이 땅을 빠르게 부흥시켜야 했던 이유가 있었던 것이다.

하나님의 사랑이 우리말로 번역된 것이 얼마나 감사한 일인지 모르겠다. 하나님의 사랑은 계속 번역될 것이고, 광야에 길을 내고, 사막에 강을 내실 것이다. 선교는 하나님이 하시는 것이다. 다만 우리를 통해, 선교지를 통해 그 일을 이루신다.

그리스도의 길이 되어 준 믿음의 선배들의 이야기를 통해 하나님은 현재 우리의 삶을 돌아보길 원하시는 것 같다. 140여 년 전, 아니 그 이전부터 시작된 코리안 바이블 루트는 지금도 계속되고 있다. 우리는 그 바이블 루트를 이어 가야 한다. 우리 자신이 그리스도의 길이 되어야 한다.

한국기독교역사학회, 《한국 기독교의 역사》, 기독교문사

이만열 외, 《대한성서공회사1. 조직 성장과 수난》, 대한성서공회

이만열, 《한국기독교 수용사 연구》, 두레시대

이만열, 《한국기독교문화운동사》, 대한기독교출판사

옥성득, 《다시 쓰는 초대 한국교회사》, 새물결플러스

옥성득, 《첫 사건으로 본 초대 한국교회사》, 짓다

옥성득, 《한반도 대부흥》, 홍성사

《북한교회사》, 한국기독교역사연구소

존 로스, 《중국선교방법론》, 최성일 옮김, 한신대학교출판부

박용규, 《평양 대부흥운동》, 생명의말씀사

박용규, 《평양 대부흥 이야기》, 한국기독교사연구소

박용규, 《한국교회사1》, 한국기독교사연구소

릴리어스 호턴 언더우드, 《언더우드》, 이만열 옮김, IVP

이덕주, 《한국교회 이야기》, 신앙과지성사

이덕주, 《초기 한국기독교사 연구》, 한국기독교역사연구소

이덕주, 《한국교회 처음 이야기》, 홍성사

오윤태, 《한일기독교교류사IV》 선구자 이수정편, 혜선출판사

이덕주, 《토착화와 민족운동 연구》, 한국기독교역사연구소

이덕주, 《한국 토착교회 형성사 연구》, 한국기독교역사연구소

G.H. 존스, 《한국교회 형성사》, 옥성득 옮김, 홍성사

이수환, 《이수정 선교사 이야기》, 목양

김수진, 《일본 개신교회사》, 홍성사

김수진, 《이수정》, 진흥

김수진, 《중국 개신교회사》, 홍성사

래리 스톤, 《성경번역의 역사》, 홍병룡 옮김, 포이에마

《믿음의 흔적을 찾아》 일본편, 한국기독교역사연구소

민경운, 《제주와 산동선교 이야기》, 케노시스

정제순, 《로삐아를 찾아서》, 조이웍스

김교철, 《중국선교 100년과 김영훈》, 치유시대

권성찬, 《하나님의 관점에서 본 선교 이야기》, GMF출판부

허드슨 테일러, 《허드슨 테일러》, 김지찬 옮김, 생명의말씀사

유해석, 《토마스 목사전》, 생명의말씀사

바실 홀, 《10일간의 조선 항해기》, 삶과꿈

H. 하멜, 《한말 외국인 기록12, 조선서해 탐사기》, 집문당

사단법인 방지일 목사 기념사업회, 《중국 선교를 회고하며-방지일 목사 산동 선교 사진집》, 홍성사

김명구, 《한국기독교사1》, 예영커뮤니케이션

김명구, 《복음, 성령, 교회》, 예영커뮤니케이션

김양선, 《한국기독교사연구》, 1971

《조선예수교장로회 사기》 하권, 한국기독교역사연구소

민경배, 《한국기독교회사》, 연세대학교출판부

길진경, 《영계 길선주》, 종로서적

옥성득, "초기 한글성경 번역에 나타난 주요 논쟁 연구", 장로회신학대학원

김교철, "한국장로교회의 초기 3인의 선교사-박태로, 사병순, 김영훈 목사", 한국선교KMQ Vol.9. No.2. 통권32호(2009년 겨울)

김교철, "한국 교회 해외 선교행전"(인천 기독교 신문, 2010년 11월 26일)

김교철, "초기 한국장로교회의 타문화권 교회 설립에 관한 선교학적 고찰 : 1913년부터 1957년까지 중국 산동과 만주국을 중심으로", 아세아연합신학대학원 박사 논문

정일웅, "사경회(查經會)와 평양 대부흥운동의 역사적 의의", 한국개혁신학회

이만열, "선교사 언더우드의 초기 활동에 관한 연구", 한국기독교와 역사. 2001

최재건, "한국기독교 초석 놓은 언더우드", 국민일보(2014년 8월 26일자)

"선교사 방효원가의 중국 산동성 선교에 관한 연구: 방효원, 홍승한, 방지일 선교사의 생애와 신학사상을 중심으로", 연세대 연합신학대학원, 1996

이일영, "중국산동여행기(속)", 기독신보(1916년 8월 23일)

사진 제공

사단법인 방지일 목사 기념사업회

AP 연합뉴스